© Janine ARALDI

Formatrice bureautique

POWERPOINT 2010

Fonctionnalités avancées

Fichiers téléchargeables

Les fichiers de manipulations cités dans cet ouvrage sont téléchargeables sur Internet. Pour y accéder, procédez comme suit :

- lancer votre navigateur internet
- saisir dans la barre d'adresses de votre navigateur le lien indiqué dans la description de l'ouvrage (description disponible sur le site Amazon)
- la liste des fichiers utilisables s'affiche

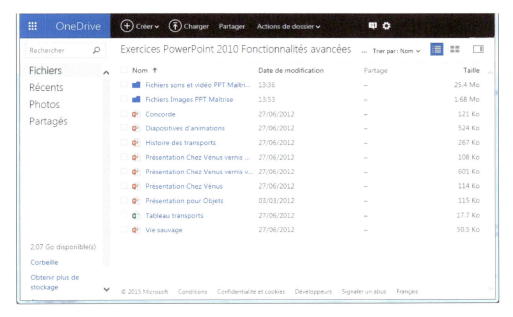

- pour télécharger un fichier, cliquez droit sur son nom et cliquez sur **Télécharger** ou sur Download ; vous pouvez également le sélectionner et utiliser les boutons Ouvrir Ouvrir|∨ ou Télécharger Télécharger disponibles dans l'interface du site

TABLE DES MATIERES

Symboles

Ce petit symbole indique un conseil.

Cette information « expert » vous **permet d'aller plus loin** dans la fonctionnalité abordée. Si vous êtes débutant, ces passages risquent de vous paraître obscurs, leur lecture peut **être différée à la fin de votre apprentissage du module en cours**.

Faites attention, cette avertissement vous donne une nuance dans la manipulation à effectuer.

Information complémentaire.

INTRODUCTION

Comme vous l'avez sans doute déjà découvert puisque vous abordez maintenant le second niveau de PowerPoint 2010, ce logiciel de présentation est un produit faussement simple qui recèle bien des outils puissants.

Dispositions, thèmes, masques, animations, vous avez déjà découvert toutes ces fonctionnalités indispensables pour qui veut travailler bien et vite ses présentations (à noter que si vous débutez sur PowerPoint, nous vous conseillons vivement de vous orienter vers un manuel d'initiation avant de vous vous lancer dans le présent ouvrage).

A présent, nous vous proposons d'aller plus loin et de découvrir en cinq chapitres quelques-unes des faces moins connues de PowerPoint, tant au niveau des fichiers eux-mêmes que de leur conception.

Vous apprendrez ainsi à mieux manipuler textes et objets, à les présenter et à les animer plus efficacement. Vous apprendrez également à rendre vos présentations plus dynamiques en les enrichissant d'outils multimédias tels que des sons et des vidéos, ou en annotant directement vos diapositives durant le diaporama.

Nous vous souhaitons beaucoup de plaisir durant votre découverte !

LES FICHIERS

Gestion des présentations

Pour effectuer les manipulations suivantes, ouvrez la présentation **Histoire des transports** mise à votre disposition sur le réseau et enregistrez-la dans votre dossier personnel sous le nom **Histoire des transports Votre Prénom**.

Enregistrer une présentation au format diaporama

Lorsque vous envoyez un fichier à un client ou à un ami, vous voulez peut-être qu'un double-clic l'ouvre directement en mode *Diaporama* ? Dans ce cas, procédez de la façon suivante :

- Ouvrez la présentation et dans l'onglet *Fichier*, cliquez sur *Enregistrer sous*.
- Dans la boite de dialogue qui s'affiche à l'écran, cliquez sur la flèche déroulante de la zone *Type* et sélectionnez *Diaporama PowerPoint* (ou *Diaporama PowerPoint prenant en charge les macros* si votre présentation contient des macros).

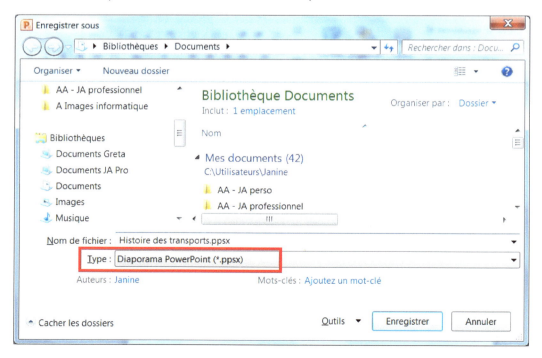

Validez par le bouton *Enregistrer* : PowerPoint crée une copie de la présentation au format *.ppsx*, qui s'ouvre directement en mode diaporama si vous double-cliquez dessus.

A noter que l'icône des fichiers enregistrés en diaporama diffère de l'icône des présentations PowerPoint (avec cependant certaines exceptions sous Windows selon les affichages choisis)

 Histoire des transports.ppsx

 Histoire des transports.pptx

Accéder aux diapositives d'une présentation reçue au format diaporama.

Le fait d'enregistrer une présentation au format Diaporama ne constitue aucunement une protection contre les modifications. En effet, pour ouvrir un fichier diaporama, il vous suffit (au lieu de double-cliquer sur le fichier) de lancer PowerPoint et de faire appel à la fonction *Ouvrir* pour accéder aux diapositives.

Vous pourrez alors les modifier et, inversement à ce que nous avons fait précédemment, procéder à un nouvel enregistrement au format standard en choisissant *Présentation PowerPoint* dans la zone *Type* de la fenêtre d'enregistrement.

Exporter les diapositives vers un document Word

Les possibilités d'impression proposées par PowerPoint vous semblent trop limitées ? Vous voulez pouvoir imprimer vos commentaires à côté de vos diapositives et non en-dessous, et avoir plusieurs diapositives par page ?

Dans ce cas, envoyez votre présentation vers Word.

 L'envoi vers Word génère un fichier <u>très lourd</u> dont la taille peut s'avérer inacceptable si votre matériel dispose de trop peu de mémoire vive.

Ouvrez la présentation **Histoire des transports votre prénom** et suivez la procédure suivante:

- Dans l'onglet *Fichier*, cliquez sur *Enregistrer et envoyer*
- Cliquez sur *Créer des documents* puis à nouveau sur *Créer des documents*
- Dans la fenêtre qui s'affiche, choisissez l'option d'impression voulue et validez
- Basculez dans la fenêtre Word pour visualiser le résultat de l'exportation.

Extrait du fichier créé sous Word (choix d'impression demandée *Commentaires à côté des diapositives*) :

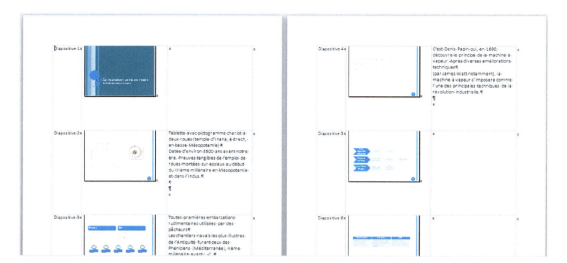

Protéger votre présentation

Ouvrez la présentation **Histoire des transports votre prénom** et suivez la procédure suivante :
- Dans l'onglet *Fichier*, cliquez sur *Informations* et puis sur *Protéger la présentation*

- Dans le menu qui s'affiche, choisir l'option *Chiffrer avec mot de passe* ou *Marquer comme final* (voir ci-après)

Chiffrer avec mot de passe ou Chiffrer le document

Le chiffrement permet de définir un mot de passe à l'ouverture du document.
- Cliquez sur *Chiffrer avec mot de passe*
- Dans la zone *Mot de passe* de la fenêtre qui s'affiche, saisissez un mot de passe, puis confirmez-le dans la fenêtre suivante.

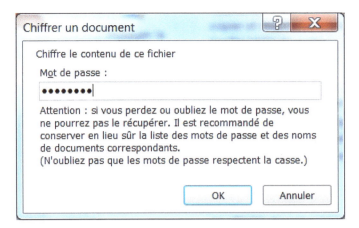

Marquer comme final

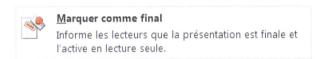

Marquer comme final
Informe les lecteurs que la présentation est finale et l'active en lecture seule.

Lorsqu'une présentation est marquée comme finale, la saisie ainsi que toutes les commandes de modification sont désactivées et la présentation peut uniquement être lue. En fait, la commande *Marquer comme final* constitue moins une réelle protection qu'une sécurité contre la modification de la présentation par inadvertance.

Un message indique à la réouverture du fichier que la présentation est marquée comme finale ; pour passer outre et désactiver l'option, cliquez tout simplement sur le bouton *Modifier quand même*

L'inspecteur de document

Si vous envisagez d'envoyer votre présentation à un client, il peut s'avérer utile de vérifier que cette présentation ne contient pas de données masquées ou d'informations personnelles susceptibles d'être stockées dans le fichier lui-même ou dans ses propriétés. En effet, ces informations masquées, telles que le nom de l'auteur ou la date de création du fichier, peuvent révéler des détails concernant votre organisation que vous ne souhaitez pas communiquer publiquement.
La fonctionnalité *Inspecteur de document* vous aide à supprimer ces données de la présentation que vous vous apprêtez à diffuser.

Supprimer les informations personnelles de la présentation

Ouvrez la présentation **Histoire des transports votre prénom** ou toute autre présentation de votre choix et effectuez les manipulations suivantes :

- Dans l'onglet *Fichier*, cliquez sur *Informations* puis sur *Vérifier la présence de problèmes*

- Cliquez sur *Inspecter le document*
- Cliquez sur *Inspecter*.
- Dans la fenêtre de résultats qui s'affiche, utilisez les boutons *Supprimer tout* en regard des rubriques pour supprimer les informations confidentielles

Les albums photos

Un album photo est une présentation pré-formatée pour afficher vos photographies personnelles ou professionnelles. Lorsque vous créez votre album photo, vous pouvez ajouter des effets qui incluent des transitions entre diapositives captant l'attention, des arrière-plans et des thèmes riches en couleurs.
Une fois que vous avez ajouté les images dans votre album, vous pouvez ajouter des légendes, modifier l'ordre et la disposition en vue de personnaliser davantage la présentation de votre album.

Créer un album photo

- Lancer PowerPoint et dans l'onglet *Insertion*, cliquez sur *Album photo*, puis cliquez sur *Nouvel Album photo.*
- Dans la boîte de dialogue qui s'affiche, cliquez sur *Fichier/disque…* et ouvrez le dossier **Fichiers Images PPT Maîtrise** mis à votre disposition sur le réseau
- Pressez **Ctrl A** au clavier pour sélectionner toutes les images du dossier et cliquez sur *Insérer*

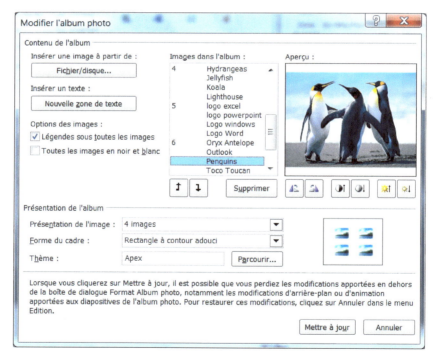

- Réglez les options suivantes :
  - Cochez l'option *Légendes* sous toutes les images (le nom de l'image sera repris en légende mais vous pourrez le modifier en direct sur chaque diapositive)
  - Dans la liste *Présentation de l'image*, sélectionnez par exemple *4 images* pour indiquer le

nombre de photos à insérer sur chaque diapositive
- Dans la zone *Forme de cadre*, sélectionnez par exemple *Rectangle à contour adouci*
- Dans la zone *Thème*, cliquez sur le bouton *Parcourir* et sélectionner par exemple le thème *Apex*
- Cliquez sur une des images dans la liste et testez les boutons sous la liste des images (boutons ⬆ ⬇ pour modifier l'ordre des images, boutons *Pivoter* ◩ ◪, boutons *Contraste* ◐↑ ◐↓ et boutons *Luminosité* ☀↑ ☀↓.
- Validez en cliquant sur *Créer*.
- Enregistrez l'album photo dans votre dossier personnel sous le nom **Album Votre Prénom**.

Modifier l'album photo

Il vous est tout à fait possible de modifier votre album photo après sa création. Il vous suffit pour cela de le rouvrir et dans l'onglet *Insertion*, de cliquer sur la flèche déroulante du bouton *Album photo* puis sur *Modifier l'album photo*.

 Pour ajouter une zone de texte (qui fournit un espacement entre les images de l'album photo), sélectionnez l'image pour laquelle vous voulez rajouter une zone de texte, puis cliquez sur Nouvelle zone de texte.

Enregistrer les diapositives en tant qu'images

Nous venons de voir comment intégrer des images à une présentation pour créer rapidement un album photo. Nous allons maintenant voir l'opération inverse, à savoir comment transformer une ou plusieurs diapositives de notre présentation en fichier image.

Pour commencer, ouvrez le fichier **Présentation Chez Venus vernis vert** que nous avons mis à votre disposition sur le réseau.

Nous voulons par exemple enregistrer toutes les diapositives en tant qu'images au format jpg. Pour cela, suivez la procédure suivante :

- Dans l'onglet *Fichier*, <u>cliquez</u> sur *Enregistrer sous* (veillez à bien cliquer une fois et non pas à simplement survoler). Dans la boite de dialogue qui s'ouvre à l'écran, déroulez la zone *Type* et dans la liste des formats qui s'affiche, cliquez sur *Fichier d'échange JPEG*

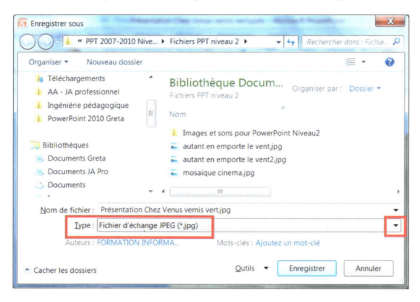

- Cliquez sur le bouton *Enregistrer*.
- Au message de PowerPoint qui s'affiche, cliquez sur le bouton *Chaque diapositive*

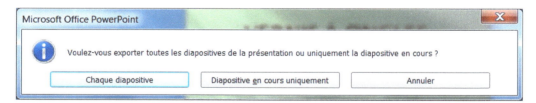

- Un nouveau dossier est créé au même emplacement que la présentation, dans lequel sont stockées toutes les images créées à partir des diapositives.

 Lorsque vous voulez copier une diapositive dans un document Word, mieux vaut ne pas copier une miniature de la diapositive, mais la transformer préalablement en image ; en effet, une miniature de diapositive insérée dans un autre fichier qu'un fichier PowerPoint pèsera excessivement lourd.

Ci-dessous la comparaison de deux fichiers Word, le premier contenant deux images de diapositives, le second deux miniatures de diapositives : la taille varie du simple au double !

Name	Date modified	Type	Size
test avec diapos au format images jpeg	18/12/2013 17:31	Microsoft Word D...	99 KB
test avec diapos miniatures PPT	18/12/2013 17:28	Microsoft Word D...	225 KB

Créer un package de votre présentation pour un CD, le réseau ou un autre ordinateur

Passer d'un ordinateur à un autre peut s'avérer désastreux pour une présentation si l'on n'y prend garde : vous pouvez avoir choisi pour votre texte une police absente de la plupart des ordinateurs, ou vous pouvez avoir des *liens hypertexte* (voir plus loin dans ce manuel) sensés ouvrir des fichiers que vous avez omis de copier en même temps que votre présentation, ou encore avoir collé avec liaison un tableau Excel que lui non plus, vous n'avez pas pensé à prendre.

Pour éviter ce genre de problème, vous pouvez rassembler dans un dossier ou sur un CD-Rom tous les fichiers nécessaires au bon fonctionnement de votre présentation. Procédez comme suit :

- Ouvrez la présentation **Histoire des transports votre prénom**, que nous voulons par exemple copier dans un dossier en vue de la mettre sur le réseau ou sur une clé USB
    - Cliquez sur l'onglet *Fichier* et sur *Enregistrer et envoyer* puis sur *Présentation du package pour CD-ROM* et enfin à droite sur *Package pour CD-Rom*
- La fenêtre ci-dessous s'affiche, vous proposant automatiquement d'utiliser la présentation ouverte (vous pourriez cliquer sur *Ajouter* si vous souhaitiez inclure d'autres présentations dans votre dossier)

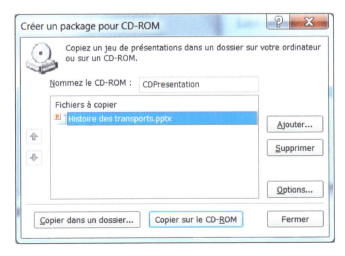

- Cliquez sur le bouton *Options* pour vérifier que les fichiers associés à la présentation seront bien inclus dans le package (option *Fichiers liés*) ainsi que les polices utilisées (option *Polices TrueType incorporées*). Validez par *OK* pour refermer la boîte de dialogue *Options*.
- Cliquez sur le bouton *Copier dans un dossier*

- Dans la fenêtre qui s'affiche, saisissez **Présentation Transports votre prénom** dans la zone *Nom du dossier*, puis cliquez sur *Parcourir* pour sélectionner l'endroit où vous voulez créer votre dossier (choisissez votre dossier personnel sur le réseau).

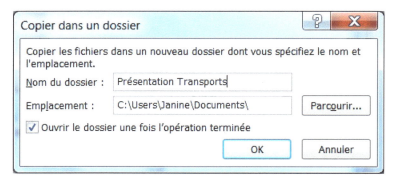

- Validez par *OK* et répondez *Oui* au message qui s'affiche.
- PowerPoint crée le nouveau dossier, package contenant votre présentation **Histoire des transports votre prénom** et tous les fichiers qui lui sont liés.

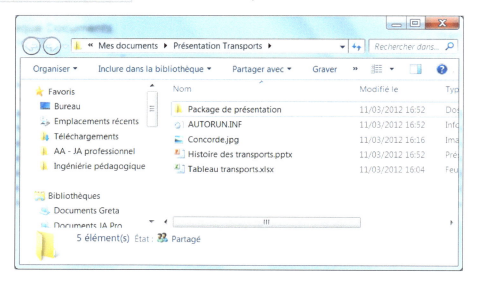

LA CONCEPTION

La règle PowerPoint

Ajuster le retrait dans une liste à puce ou numérotée

Tout comme vous avez certainement eu à le faire dans Word, il peut arriver de devoir régler la position des puces ou des numéros dans les espaces réservés de texte. Vous pouvez vouloir par exemple augmenter l'espace entre la puce et le texte du paragraphe, ou faire en sorte que l'ensemble soit plus décalé vers la droite de la diapositive.

Pour effectuer les manipulations suivantes, créez une nouvelle présentation et modifiez la disposition de la première diapositive en disposition *Titre et contenu*. Enregistrez votre présentation dans votre dossier sous le nom **La règle PowerPoint votre prénom** puis saisissez le texte qui suit :

Les puces ou les numéros

- Dans PowerPoint, la règle est masquée par défaut mais peut être rendue visible dans l'onglet Affichage
  - Pour afficher la règle, il vous suffit de cocher l'option Règle du groupe Afficher
    - Vérifiez que la règle graduée apparaît bien au-dessus de la diapositive
  - De même, vous pouvez la masquer en décochant l'option Règle
- La règle affiche à gauche la marque de retrait

A présent, la première chose à faire est d'afficher la règle car PowerPoint ne l'affiche pas par défaut : dans l'onglet *Affichage*, cochez l'option *Règle* du groupe *Affichage*.

La seconde chose à faire est de penser à vous rendre dans le masque des diapositives, puisqu'il est vraisemblable que votre ajustement concerne l'ensemble des diapositives et non une diapositive particulière. Dans l'onglet *Affichage*, cliquez sur *Masque des diapositives* puis sélectionnez le masque maître en haut de la liste des dispositions.

Pour les besoins de l'exercice, changez la puce du premier niveau de texte pour une puce plus large : déroulez le bouton *Puces* dans l'onglet *Accueil* et choisissez la puce *Puce en étoile*

Votre curseur étant bien positionné dans le premier niveau de texte, observez maintenant la partie gauche de la règle :

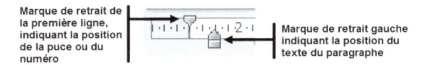

Marque de retrait de la première ligne, indiquant la position de la puce ou du numéro

Marque de retrait gauche indiquant la position du texte du paragraphe

Voici les manipulations possibles :

- Pour modifier la position des puces ou des numéros, faites glisser la marque de retrait de première ligne.

- Pour modifier la position du texte, faites glisser la partie triangulaire supérieure de la marque de retrait gauche (la puce ou le numéro ne bougent pas).

- Pour modifier les retraits en conservant la liaison entre la puce (ou le numéro) et le retrait de texte, faites glisser la partie rectangulaire inférieure de la marque de retrait (la puce ou le numéro bougent en même temps).

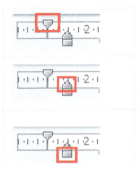

Nous allons par exemple augmenter l'espace entre la puce en étoile et son texte :

- Visez la partie triangulaire supérieure de la marque de retrait gauche et faites-la glisser à 1,5 cm dans la règle

Cliquez maintenant sur le second niveau de texte et effectuez les manipulations suivantes :

- Visez la marque de retrait de première ligne et faites-la glisser à 1,5 cm

- Visez la partie triangulaire supérieure de la marque de retrait gauche et faites-la glisser à 2,5 cm dans la règle

Refermez le masque pour vérifier le résultat en mode d'affichage *Normal* de votre diapositive.

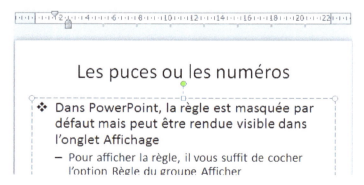

Les puces ou les numéros

❖ Dans PowerPoint, la règle est masquée par défaut mais peut être rendue visible dans l'onglet Affichage
  – Pour afficher la règle, il vous suffit de cocher l'option Règle du groupe Afficher

Enregistrez votre présentation **La règle PowerPoint votre prénom**.

Les tabulations

Nous en avons terminé avec les retraits. Il existe cependant une autre utilité incontournable de la règle :

la pose de taquets de tabulations, par exemple pour positionner et aligner correctement des nombres sur la diapositive en-dehors d'un tableau.

Dans votre présentation **La règle PowerPoint votre prénom**, créez une seconde diapositive de disposition *Titre et contenu* et saisissez le texte suivant :

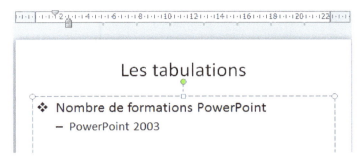

Nous avons besoin maintenant de saisir un nombre plus loin sur la ligne. Nous allons poser un taquet de tabulation décimal dans la règle :

- Cliquez sur le carré à l'extrême gauche de la règle ⌐ (au-dessus de la règle verticale) jusqu'à ce que s'affiche la tabulation décimale ⊥
- Cliquez dans la règle à la graduation **18** pour poser le taquet de tabulation sélectionné
- Appuyez sur la touche *Tabulation* du clavier pour envoyer votre curseur sous le taquet
- Saisissez le nombre **123,20 €**
- Appuyez sur *Entrée* au clavier et vérifiez dans la règle : votre taquet est toujours présent, il nous suffit de poursuivre notre saisie comme indiqué ci-dessous

Tout comme dans Word, les tabulations vous proposent 4 types d'alignements différents : Gauche, Centré et Droit pour le texte et Décimal pour les nombres.

Enregistrez et refermez votre présentation **La règle PowerPoint votre prénom**.

Maîtriser les manipulations sur les objets

Pour présenter de façon impeccable le contenu d'une diapositive, rien de ce qu'elle contient ne doit sembler mal aligné, disproportionné ou difforme. Pour vous y aider, PowerPoint met plusieurs outils à votre disposition, qu'il convient de savoir utiliser : il s'agit des outils du groupe *Organiser* dans l'onglet contextuel *Format*… et de quelques autres.

Nous allons maintenant nous livrer à un petit exercice qui nous permettra de faire le tour des outils proposés en question (et un petit rappel sur d'autres manipulations que vous devriez également connaître). Pour ce faire, créez une nouvelle présentation et modifiez la disposition de la première diapositive en disposition *Vide*.

Enregistrez la présentation sous le nom **Trucs et astuces manipulations d'objets votre prénom** dans votre dossier personnel sur le réseau.

Sur la diapositive vide, insérez un cercle parfait (maintenez la touche *majuscule* du clavier enfoncée en traçant la forme) et utilisez l'onglet contextuel *Format* pour effectuer les réglages suivants :

- Vérifiez que sa taille est de 8 cm sur 8 cm.
- Changez sa couleur de remplissage en *Orange, couleur d'accentuation 6, plus clair 60 %* et réglez son trait de contour à *Sans contour*.

- Dans le bouton *Effets sur la forme*, choisissez *Prédéfini 2* dans le groupe *Prédéfini*

Voyons maintenant comment positionner cette forme exactement au milieu de la diapositive.

Les alignements

PowerPoint vous propose deux types d'alignement différents :

- L'alignement de plusieurs formes les unes par rapport aux autres

---

- L'alignement d'une forme dans l'espace de la diapositive

Pour l'heure, nous vous intéressons au second type d'alignement.

Aligner sur la diapositive

- Sélectionnez votre cercle et dans l'onglet contextuel *Format*, groupe *Organiser*, déroulez le bouton *Aligner*
- Dans la liste qui s'affiche, vérifiez que l'option *Aligner sur la diapositive* est bien présélectionnée (au besoin, cliquez dessus pour l'activer)
- Une fois cette option activée, revenez dans le bouton *Aligner* et cette fois cliquez sur *Centrer* : si votre forme n'était pas exactement au centre dans la largeur de la diapositive, vous l'avez vue se décaler.

Nous pourrions de la même façon utiliser l'option *Aligner au milieu* pour nous assurer que notre forme est bien centrée dans la hauteur de la diapositive ; ce n'est pas ce que nous voulons, n'en faites donc rien.

Grille et repères

Pour aligner correctement des objets sur votre diapositive, vous pouvez également vous aider des repères ou de la grille.

- Dans l'onglet *Affichage*, cochez l'option *Grille* : voyez comme le fond de votre diapositive se quadrille, ce qui peut aider à disposer vos objets dans sa surface. Ce n'est pas ce qui nous intéresse, décochez l'option.
- Cochez maintenant l'option *Repères*. Cette fois, ce sont simplement deux traits qui divisent l'espace de la diapositive.
- Grâce aux repères affichés, vérifiez que votre forme est bien positionnée exactement au centre horizontalement, mais faites-la descendre sensiblement en-dessous du milieu de la diapositive verticalement (pour ce faire, utilisez plutôt la flèche directionnelle *Bas* du clavier, ce qui vous évitera de la décaler par inadvertance vers la gauche ou vers la droite)

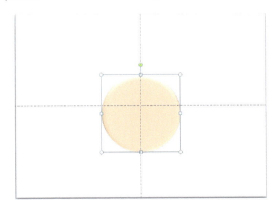

Nous n'en aurons plus besoin, décochez l'option *Repères*.

- Utilisez à nouveau le bouton *Formes* pour tracer à un endroit vide de la diapositive une *ellipse* plus petite de 1,7 cm de haut sur 2,3 cm de large.
- A côté, tracez un cercle parfait de 1,2 cm de diamètre. Affectez une couleur de remplissage bleue à l'ellipse et noire au cercle.

Nous allons maintenant les aligner parfaitement l'une par rapport à l'autre.

Aligner plusieurs objets

- Sélectionnez les deux formes (utilisez le cliquer-glisser autour des formes).
- Dans l'onglet contextuel *Format*, déroulez le bouton *Aligner* et activez cette fois l'option *Aligner les objets sélectionnés*.
- Revenez dans le bouton *Aligner* et cliquez sur *Centre*, puis revenez à nouveau dans le bouton pour cliquer sur *Aligner au Milieu*.
  Les deux formes s'alignent l'une par rapport à l'autre.

Grouper des objets

Parfait, mais nous voulons éviter toute fausse manœuvre, nous allons donc les grouper pour empêcher qu'elles se "désalignent".

- Toujours dans l'onglet *Format*, cliquez sur le bouton *Grouper*, puis sur *Grouper* à nouveau.
  Les deux objets forment maintenant un seul et même groupe.

Propriétés d'une forme

Vous allez à présent placer votre objet regroupé à un endroit très précis de la diapositive :

- Cliquez sur le bouton lanceur du groupe *Taille* dans l'onglet *Format* : la boite de dialogue *Format de la forme* s'affiche.
- Dans la colonne de gauche, cliquez sur la rubrique *Position* et saisissez à droite une position horizontale à 9,5 cm et verticale à 9,2 cm.

On peut difficilement être plus précis, n'est-ce pas ?

- Conservez le groupe sélectionné et appuyez sur *Ctrl D* au clavier pour le dupliquer.
- A présent, positionnez les deux formes à hauteur d'yeux sur le fond du premier cercle que nous avions dessiné.
- Vérifiez grâce au bouton *Aligner* que les deux yeux sont bien à la même hauteur, puis groupez-les.

Ce qui devrait donner à peu près ceci :

Rotation et retournement

Au tour de la bouche maintenant.

- Sélectionnez la forme *Lune* dans le bouton *Formes* et dessinez une forme de 4 cm de haut sur 2 cm de large sur un endroit libre de la diapositive.
- Pour la rendre horizontale, cliquez-glissez sur le cercle vert au-dessus de la forme ou utilisez le bouton *Rotation* du groupe *Organiser* et cliquez sur *Faire pivoter à gauche de 90°.*

 Vous pouvez également maintenez la touche Alt du clavier enfoncée et appuyez plusieurs fois sur la flèche directionnelle Gauche du clavier pour faire pivoter une forme.

- Changez la couleur de remplissage en blanc
- Utilisez le bouton *Contour de forme* pour appliquer une couleur de contour rouge et une épaisseur de 6 points.
- Nous allons également modifier les caractéristiques de la forme en faisant légèrement glisser vers le haut le *losange jaune* ◇ situé sur la bordure de la forme.

- Faites glisser la forme jusqu'au sur le cercle du visage et positionnez-la en-dessous des yeux.

Vous devriez obtenir quelque chose comme ceci :

Il nous manque les oreilles. Commençons par celle de droite :

- Dessinez une forme *Délai* (section *Organigramme* du bouton *Formes*) de 3 cm de haut sur 1,2 cm de large.
- Choisissez la couleur de remplissage *Orange, accentuation 6 plus clair 40 %*
- Supprimez le contour.
- Rapprochez-la du côté droit du visage jusqu'à le recouvrir en partie.

Modifier l'ordre de superposition

A présent, nous allons faire passer notre forme en arrière-plan :

- Sélectionnez-la et dans le groupe *Organiser* de l'onglet contextuel *Format*, cliquez sur le bouton *Reculer*
- Cliquez sur *Mettre en arrière-plan*.

Nous voulons maintenant créer la deuxième oreille :

- Dupliquez la forme *Délai* déjà créée
- Sélectionnez la nouvelle forme et dans le groupe *Organiser* de l'onglet contextuel *Format*, déroulez le bouton *Rotation* et cliquez sur *Retourner horizontalement*
- Faites glisser la forme sur le côté gauche du visage et faites-la passer en arrière-plan
- Vérifiez par le bouton *Aligner* que les deux oreilles sont correctement alignées et regroupez-leS

Nous en sommes là :

Nous allons maintenant dessiner nous-mêmes les sourcils. Il s'agit d'un travail de précision, nous allons donc utiliser la barre d'outils *Zoom* en bas à droite de l'écran par augmenter le zoom d'affichage à 100%.

Dessiner une forme libre

- Dans le bouton *Forme*, cliquez sur le bouton *Courbe*
- Cette fois, l'utilisation du bouton diffère sensiblement de ce que nous connaissons déjà. Pour tracer notre forme, nous devons commencer par un clic, puis déplacer légèrement la souris et cliquer à nouveau, déplacer à nouveau la souris et cliquer encore, jusqu'à ce que la forme souhaitée soit tracée. Pour indiquer que la forme est terminée, double-cliquez.
- Essayez par exemple de dessiner le sourcil gauche en quatre segments (chaque carré noir représentant un clic ou, pour le dernier, un double-clic) :

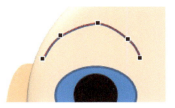

Modifier les points

Si au final le tracé ne vous satisfait pas totalement, vous pouvez le modifier :

- Cliquez sur la courbe et dans l'onglet contextuel *Format*, déroulez le bouton *Modifier la forme* et cliquez sur *Modifier les points*
- Pour changer la position d'un des points, cliquez dessus et faites-le glisser

 Pour ajouter un point, cliquez sur le contour de la forme tout en maintenant la touche Ctrl enfoncée.

Pour supprimer un point, cliquez sur le point tout en maintenant la touche Ctrl enfoncée.

- Augmentez la largeur du trait et modifiez sa couleur en noir.
- Tracez le deuxième sourcil de la même façon.

Et bien sûr, il nous faut un chapeau pointu !

- Dessinez un *triangle isocèle* de 5 cm de large sur 6 cm de haut et placez-le sur la tête de notre figure.
- Vérifiez par le bouton *Aligner* et *Centrer* que vous l'avez correctement positionné.

Mais il est un peu étroit, n'est-ce pas ? Nous allons l'augmenter des deux côtés à la fois pour le garder centré sur la tête de notre petit bonhomme.

Agrandir une forme à partir de son centre

- Pour élargir le triangle des deux côtés à la fois (à partir de son centre), visez l'une des poignées latérales du triangle et cliquez-glissez dessus en maintenant la touche *Ctrl* du clavier enfoncée.

Changez la couleur du triangle si vous le souhaitez, et voilà notre bonhomme terminé !
Cliquez sur *Ctrl A* pour sélectionner tous les éléments qui le composent et regroupez-les. Appuyez

plusieurs fois sur la *flèche directionnelle Bas* pour faire descendre légèrement la figure dans la diapositive.

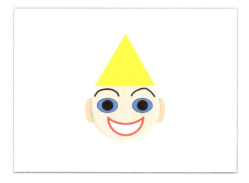

Il ne nous reste plus qu'à égayer un peu notre diapositive, et notre exercice prendra fin. Nous voulons créer rapidement une rangée d'étoiles en haut de la diapositive. Pour ce faire, effectuez précisément les manipulations suivantes :

- Dessinez une *étoile à 5 branches* de 2 cm sur 2 cm et placez-la en haut à gauche de la diapositive.
- *Ctrl D* pour la dupliquer
- Appuyez 2 fois sur la *flèche directionnelle Haut* et 10 fois sur la *flèche directionnelle Droite*
- Répétez 8 fois *Ctrl D*
- Sélectionnez la première étoile et utilisez le bouton *Aligner* pour la placer à gauche de la diapositive
- Sélectionnez la dernière forme et utilisez le bouton *Aligner* pour la placer à droite de la diapositive.
- Cliquez-glissez autour de toutes les étoiles pour les sélectionner puis déroulez le bouton *Aligner* et cliquez sur *Distribuer horizontalement* pour égaliser l'espace entre les formes.
- Dans l'onglet *Format*, déroulez la liste des *Styles de forme* et cliquez sur *Effet intense – Rouge 2, accentué*
- Groupez les formes et dupliquez-les pour en placer une nouvelle rangée en bas de la diapositive.

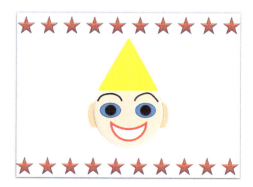

Bravo, vous avez terminé l'exercice ! Pour preuve de notre appréciation, voici encore deux astuces "gain de temps" à connaître :

Pour commencer, créez une nouvelle diapositive vide dans votre présentation **Trucs et astuces**

manipulations d'objets votre prénom

Nous voulons tracer une série de petites flèches rouges, assez épaisses.

- Utilisez le bouton *Flèche* pour tracer la première flèche (aidez-vous de la touche *Majuscule* au clavier pour la tracer bien droite).
Normalement, elle n'est pas rouge mais bleue et pas bien épaisse.
- Réglez cela à l'aide du bouton *Contour de forme* : changer la couleur en rouge et l'épaisseur en 4½ points. Et aussi, puisque nous y sommes, changez la tête de la flèche en flèche n° 5.
- Vous devriez avoir obtenu la flèche suivante : ➡

Mais que ce passe-t-il si nous essayons de tracer une autre flèche ? Nous retrouvons la couleur bleue, la tête évidée et la faible épaisseur. Or, nous avons toute une série de flèches à tracer et nous ne pouvons pas nous en sortir en dupliquant tout simplement la première car elles ne sont pas toutes dans le même sens ni de la même longueur.

La solution ? Désigner les attributs de notre flèche rouge comme attributs par défaut pour tous les futurs traits tracés.

 Saviez-vous que pour les cas isolés, vous pouvez utiliser le bouton Reproduire la mise en forme de l'onglet Accueil 🖌 *pour récupérer la mise en forme d'une forme sur une autre ?*

Modifier les attributs par défaut

- Cliquez droit sur votre flèche rouge puis cliquer sur *Définir comme trait par défaut*.

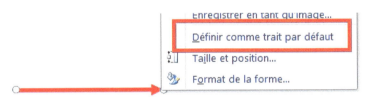

- Essayez de tracer une nouvelle flèche : aucun problème, elle est bien rouge, épaisse et à tête n° 5.

⚠ *Le fait d'avoir modifier les attributs par défaut en partant d'une flèche présente un inconvénient majeur : il nous est maintenant impossible de dessiner un trait simple.*
Heureusement, pour revenir en arrière, il suffira de sélectionner le trait simple dans la liste Flèches du bouton Contour de forme et changer à nouveau les attributs par défaut.

Comme nous l'avons dit plus haut, nous avons toute une série de flèches à tracer. Or, c'est assez pénible de devoir chaque fois retourner chercher notre flèche dans le bouton *Forme*. Nous allons faire en sorte de pouvoir en dessiner plusieurs d'affilée.

Mode verrouillage du dessin

- Retournez chercher le bouton *Flèche* mais cette fois, au lieu de cliquer gauche dessus pour l'activer, cliquez droit dessus et choisissez *Mode verrouillage du dessin*.

- Tracer plusieurs flèches sur votre diapositive et une fois terminé, appuyez sur la touche *Echap* au clavier pour désactiver le bouton.

Le volet de sélection

Nous venons d'en faire l'expérience, nos diapositives peuvent contenir de nombreux éléments. Lorsque des objets dans une diapositive sont empilés les uns sur les autres, il peut s'avérer difficile d'en sélectionner un en particulier.

Une méthode simple existe, qui consiste à cliquer sur un endroit vide de la diapositive puis à appuyer autant de fois que nécessaire sur la touche *Tabulation* du clavier : PowerPoint sélectionnera tour à tour chaque élément présent sur la diapositive (non seulement les objets masqués par d'autres objets mais aussi les éléments invisibles à l'œil comme les zones de texte vides sans trait ni fond).

Cette méthode simple et rapide peut vous suffire dans bien des cas, mais pour un travail plus en profondeur du contenu de votre diapositive, il vous faudra peut-être vous faire aider du volet *Sélection et visibilité* proposé par PowerPoint.
- Pour ouvrir le volet *Sélection et visibilité*, cliquez sur *Sélectionner*, puis cliquez sur *Volet Sélection* dans le groupe *Modification* de l'onglet *Accueil*.
- Dans le volet *Sélection et visibilité*, cliquez sur l'élément souhaité.
- Pour masquer provisoirement un élément, désactivez l'œil en regard de l'élément.

Renommer un élément

- Pour renommer un élément, cliquez une première fois sur l'élément dans la liste du volet, puis une seconde fois lentement.
- Saisissez le nouveau nom descriptif.

LES THÈMES ET LES DISPOSITIONS

Aller plus loin avec les thèmes

Créer un nouveau thème

PowerPoint vous propose des thèmes variés, mais vous pouvez avoir besoin de créer votre propre thème soit pour respecter la charte de votre entreprise, soit tout simplement par goût personnel. Une fois créé, vous pourrez réutilisez le thème à volonté pour toute présentation présente ou à venir d'un simple clic.

Comme vous le savez, un thème comporte trois types de mises en forme :

- Un jeu de couleurs
- Un jeu de polices
- Un jeu d'effets de trait ou de remplissage

 Si le principe des thèmes vous semble un peu trop vague, n'hésitez pas à vous replonger pour quelques minutes dans le niveau 1 de PowerPoint.

Le mieux si vous voulez créer votre propre thème est de prendre comme point de départ un des thèmes existants et de modifier ce qui ne vous convient pas au niveau de ses couleurs, de ses polices ou de ses traits et effets de remplissage.

Pour effectuer les manipulations qui suivent, ouvrez le fichier **Présentation pour création de thème** et enregistrez-le dans votre dossier sous le nom **Présentation pour création de thème Votre Prénom**.

Commençons par lui appliquer un autre thème que le thème *Office* (le thème par défaut) :

- Dans l'onglet *Création*, déroulez la liste des thèmes et choisissez le thème *Rotonde* dans la galerie des thèmes par défaut qui vous sont proposés.
- Si vous avez peu d'expérience des thèmes, testez plusieurs thèmes différents et prenez le temps d'observer la façon dont ils modifient vos diapositives,
- Réappliquez au final le thème *Rotonde* pour la suite des manipulations.

Disons que le thème *Rotonde* nous convient dans l'ensemble au niveau de ses graphismes, mais que nous avons besoin de couleurs plus chaudes : nous allons personnaliser ses couleurs.

Modifier les couleurs du thème

Pour commencer, nous allons déjà choisir un jeu de couleurs plus proche de ce que nous voulons obtenir au final :

- Dans l'onglet *Création*, déroulez le bouton *Couleurs* et choisissez par exemple le jeu de couleurs *Aspect* .

  Ah, cela change déjà bien des choses, n'est-ce pas ?

Mais cela ne convient pas encore tout à fait, car nous voulons d'autres nuances pour certaines couleurs. Nous allons donc personnaliser notre jeu de couleurs.

Créer un nouveau jeu de couleurs

- Dans l'onglet *Création*, déroulez à nouveau le bouton *Couleurs*
- Cliquez sur *Nouvelles couleurs de thème* en bas de la liste. La fenêtre suivante s'affiche :

Comme indiqué ci-dessus, les couleurs de thème contiennent quatre couleurs prévues pour le texte et l'arrière-plan des diapositives, six couleurs d'accentuation et deux couleurs de lien hypertexte. Dans la zone *Exemple*, vous pouvez voir à quoi ressemblent les couleurs et les styles de police du texte avant de vous décider pour une combinaison de couleurs spécifique.

Nous voulons personnaliser la première couleur d'accentuation :

- Cliquez sur la flèche déroulante en regard de l'option *Accentuation1* et sélectionnez la couleur *Orange, Accentuation1, plus clair 40%* dans la liste des couleurs proposées (vous pourriez également cliquer sur *Autres couleurs* pour sélectionner librement une couleur)

- Dans la zone *Nom*, saisissez un nom pour le nouveau jeu de couleurs que vous créez, par exemple *Couleurs VotrePrénom* et validez pour visualiser le résultat de votre modification.

  Comme vous le voyez, la couleur d'accentuation 1 est une couleur importante pour nos diapositives, car c'est la première couleur utilisée par PowerPoint pour colorer les éléments.

Faites le test en insérant une forme, par exemple un cercle sur l'une des diapositives : la forme porte automatiquement la couleur telle que vous venez de la prévoir dans la zone *Accentuation 1*.

Mais nous n'en avons pas encore terminé avec nos couleurs:

- Retournez dans le bouton couleurs et constatez que votre jeu de couleurs s'affiche en première position sous la rubrique *Personnalisé.*
- Nous voulons le modifier : cliquez droit dessus et choisissez *Modifier*.

- Cette fois, déroulez la zone de la couleur *Accentuation 2* et cliquez sur *Autres couleurs...* puis sur l'onglet *Personnalisées*.
- Nous voulons une couleur très précise dont on nous a communiqué la "recette" : saisissez les nombres 201, 53 et 71 dans les zones respectives *Rouge*, *Vert* et *Bleu* en bas de la fenêtre pour obtenir la nouvelle couleur souhaitée.

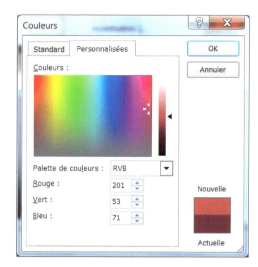

Modifier les polices du thème

De la même façon qu'un thème prévoit un jeu de couleurs, il prévoit un jeu de police (bien moins spectaculaire il est vrai). Comme indiqué ci-dessous, vous pouvez modifier la police du titre et du corps du texte d'un thème existant pour l'adapter au style de votre présentation.

Le thème *Rotonde* que nous avons choisi prévoit en fait la même police *Lucida* pour les titres et le corps du texte. Admettons que nous voulions enregistrer dans notre thème une police toute différente pour nos titres :

- Dans le groupe *Thèmes* de l'onglet *Création*, cliquez sur *Polices* [A Polices ▾] , puis cliquez sur *Nouvelles polices de thème*.
- Dans les zones *Police du titre,* sélectionnez la police *IMPACT*.
- Tout comme nous avions nommé notre jeu de couleurs, nous allons nommer notre jeu de polices : dans la zone *Nom* en bas de la fenêtre, saisissez **Polices VotrePrénom** puis cliquez sur *Enregistrer*.

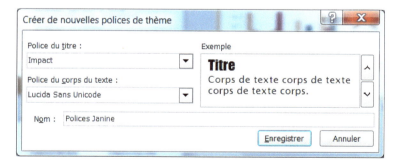

- Si vous déroulez à nouveau le bouton *Polices*, vous retrouverez votre jeu de polices dans la zone *Personnalisé*. Là encore, si vous souhaitez le modifier, cliquez droit dessus et choisissez *Modifier...*

Sélectionnez un ensemble d'effets de thème

Contrairement aux jeux de couleurs et aux jeux de polices, vous ne pouvez pas créer vos propres *Effets de thème* pour prévoir les jeux de lignes et d'effets de remplissage de vos objets. Vous pouvez cependant choisir un effet différent de celui prévu par le thème :

- Positionnez-vous sur la diapositive **Graphiques** pour mieux vous rendre compte et dans l'onglet *Création*, déroulez le bouton *Effets* et sélectionnez par exemple le jeu *Métro*.
  Voyez comme l'aspect des deux formes sur la diapositive s'en trouve modifié.

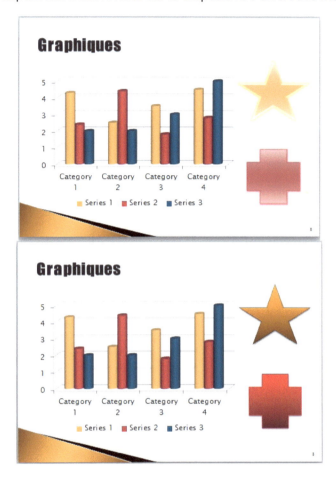

Enregistrer un thème

Nous pouvons maintenant procéder à l'enregistrement d'un nouveau thème regroupant toutes nos modifications apportées aux couleurs, polices ou effets de traits et de remplissage :

- Sous l'onglet *Création*, dans le groupe *Thèmes*, cliquez sur *Autres* ⟱.
- Cliquez sur *Enregistrer le thème actif* Enregistrer le thème actif….
- Dans la zone *Nom de fichier*, saisissez le nom du nouveau thème (par exemple **Thème Votre prénom**), puis cliquez sur *Enregistrer*.

Le thème modifié est enregistré en tant que fichier .thmx dans le dossier Thèmes de document (chemin d'accès par défaut C:\Users\Utilisateur\AppData\Roaming\Microsoft\ Templates\Document Themes) et est automatiquement ajouté à la liste de thèmes personnalisés dans le groupe Thèmes, sous l'onglet Création.

Une fois enregistré, ce nouveau thème devient également disponible dans d'autres logiciels de la suite office tels que Word ou Excel. Vérifiez par vous-même en lançant l'un ou l'autre et en vérifiant la présence de votre thème dans l'onglet *Mise en Page*.

Utiliser plusieurs thèmes ou masques différents dans une présentation

Imaginons que vous deviez dans une seule et même présentation parler de votre société et de deux de ses nouveaux produits. Les diapositives de votre société ont une charte graphique dans les tons orangés, le premier produit doit être présenté dans les tons verts et le second dans les tons bleus.

Il vous faut donc trois thèmes différents dans votre présentation, et par voie de conséquence trois masques différents, un pour chaque thème.

C'est tout à fait possible, et de plusieurs façons : nous en retiendrons deux, la première consistant à copier simplement une diapositive d'une présentation à l'autre en demandant à ce qu'elle conserve son masque d'origine, la seconde à créer un second masque directement dans la présentation.

Nous étudierons plus en profondeur la première méthode, qui s'avère être non seulement la plus souvent utilisée en entreprise mais également la plus simple.

Pour effectuer les manipulations suivantes, ouvrez le fichier **Présentation Chez Vénus** mis à votre disposition sur le réseau et enregistrez-le dans votre dossier personnel sous le nom **Présentation Chez Vénus Votre prénom**.

Conserver le masque d'une diapositive collée

Lorsque vous intégrez dans une présentation une diapositive issue d'une autre présentation, la diapositive adopte automatiquement le thème de la présentation qui la reçoit, et donc son masque. Vous pouvez cependant conserver le masque d'origine, en le cumulant avec celui déjà en place dans la présentation hôte.

Par exemple, nous voulons ajouter à notre fichier **Présentation Chez Vénus votre prénom** les diapositives contenues dans le fichier **Présentation Chez Vénus Vernis bleu** et dans un second temps, celles du fichier **Présentation Chez Vénus Vernis vert**.

- Ouvrez le fichier **Présentation Chez Vénus votre prénom**.
- Prenez le temps d'aller vérifier le thème actif : cliquez dans l'onglet *Création* et déroulez la galerie des masques : sous la zone *Cette présentation*, vous voyez l'icône du thème *Opulent* affiché.

- A présent, vérifions le masque : Onglet *Affichage* et bouton *Masque des diapositives*. Il n'y en a qu'un (le masque maître en haut, avec en-dessous son cortège de "sous-masques"). Refermez le masque pour revenir en mode *Normal*.

Procédons maintenant à notre copier/coller :
- Ouvrez le fichier **Présentation Chez Vénus Vernis bleu**
- Copiez l'ensemble de ses diapositives (utilisez les diapositives miniatures du mode d'affichage *Trieuse* ou celles du volet de navigation du mode d'affichage *Normal*)
- Revenez au fichier **Présentation Chez Vénus votre prénom** et, toujours en mode *Trieuse* ou dans le volet de navigation, positionnez-vous après la dernière diapositive miniature.
- Cliquez sur *Coller* (ou appuyez sur *Ctrl V* au clavier)
- Cliquez sur la balise de collage qui s'affiche à l'écran en regard de la première diapositive collée et sélectionnez *Conserver la mise en forme source*.

Allons immédiatement vérifier ce qui s'est passé au niveau du thème et au niveau du masque.
Pour commencer, allons voir dans l'onglet *Création* :
- Cliquez sur le bouton *Autres* de la liste des thèmes et voyez comme PowerPoint affiche désormais deux thèmes dans la zone *Cette présentation*.

- Et le masque ? Cliquez sur le bouton *Masque des diapositives* de l'onglet *Affichage* : vous constaterez que lui aussi s'est enrichi d'un deuxième masque maître avec ses sous-masques.

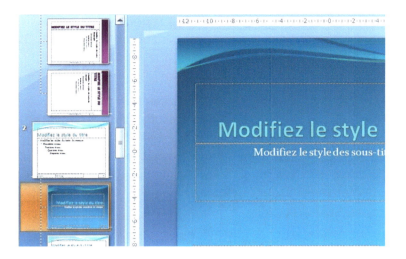

Exercice

Intégrez les diapositives du fichier **Présentation Chez Vénus Vernis vert** dans le fichier **Présentation Chez Vénus votre prénom** à la suite des diapositives déjà présentes et en conservant leur thème d'origine.

Refermez le fichier **Présentation Chez Vénus Vernis vert** et enregistrez votre fichier **Présentation Chez Vénus votre prénom** mais ne le refermez pas, nous allons en avoir besoin.

Appliquer l'un des thèmes actifs sur une diapositive

Nous voici donc avec une présentation contenant plusieurs thèmes et donc plusieurs masques. Nous avons vu ce qui se passait lors de l'insertion d'une nouvelle diapositive par copier/coller, mais d'autres cas de figure sont envisageables.

Par exemple, que se passe-t-il si nous créons une nouvelle diapositive ? Quel thème est appliqué ?

Et comment faire si nous voulons appliquer un autre thème à une ou à plusieurs diapositives existantes ? Allons voir cela.

Choix du thème à la création d'une nouvelle diapositive

Lorsque vous créez une nouvelle diapositive, PowerPoint vous proposera toujours par défaut le même thème que la diapositive précédente. Le thème qui sera appliqué dépend donc totalement de l'endroit dans la présentation où vous créez votre nouvelle diapositive.

Par exemple, si vous vous positionnez sur la diapositive **Qui sommes-nous ?**, c'est le thème *Opulent* qui sera automatiquement appliqué.

Vous pouvez cependant changer cela :

- Au moment de la création de la diapositive, cliquez sur la partie inférieure du bouton *Nouvelle diapositive* de l'onglet *Accueil* et descendez dans la liste des dispositions pour faire votre choix.

Par exemple, ajoutez une nouvelle diapositive à la fin de la présentation : elle adopte automatiquement le thème *Apex*, comme vous pouvez le vérifier dans la barre d'état en bas de votre fenêtre PowerPoint. Or, il s'agit de notre diapositive de conclusion, et nous voulons qu'elle ressemble à notre première diapositive. Il nous faut donc le thème *Opulent*.

Supprimez la diapositive et recommençons :

- Déroulez le bouton *Nouvelle diapositive* et descendez plus bas dans la liste des dispositions jusqu'à trouver la disposition *Diapositive de Titre* du thème *Opulent*.
- Cliquez dessus pour créer votre diapositive et saisissez le texte **Merci de votre attention** dans l'espace du titre.

Choix d'un autre thème pour une diapositive existante

Un autre cas serait de changer d'idée sur le thème à appliquer lorsque la diapositive est déjà créée. Prenons par exemple la diapositive **Les produits issus de nos laboratoires**. Nous voulons cette fois encore appliquer le thème *Opulent*.

Voici comment procéder:

- Sélectionnez la diapositive et activez l'onglet *Création*.
  Vous remarquerez que la galerie des thèmes affiche en première position les trois thèmes en cours d'utilisation dans la présentation.
- Faites un clic droit sur le thème *Opulent* et choisissez *Appliquer aux diapositives sélectionnées* dans la liste de choix proposés.

 *A noter que le choix **Appliquer aux diapositives correspondantes** reviendrait à appliquer le thème sur toutes les diapositives de la présentation ayant le même thème que notre diapositive en cours.*

*N'hésitez pas, faites vos tests, mais prenez soin de revenir en arrière chaque fois par le bouton **Annuler**.*

Enregistrez votre fichier **Présentation Chez Vénus votre prénom** et refermez tous les fichiers ouverts.

Créer un second masque dans une présentation existante

Comme nous vous l'avons dit plus haut, vous pouvez également créer un second masque dans une présentation :

- Créez une nouvelle présentation et choisissez le thème *Oriel*.
- Dans la diapositive de titre, saisissez le texte **Créer un masque**
- Ajoutez une diapositive de disposition *Titre et contenu* et saisissez simplement **La Création du masque** dans la zone de titre de la diapositive.
- Enregistrez la présentation dans votre dossier sous le nom **Présentation à deux masques votre prénom**.
- Activez le masque des diapositives dans l'onglet *Affichage*.
- Dans l'onglet contextuel *Masque des diapositives*, déroulez le bouton *Thèmes* et cliquez simplement sur le thème que vous voulez ajouter, par exemple le thème *Technique* : un nouveau masque s'ajoute à la suite du premier.

 Pour vous assurer qu'un masque secondaire ne sera pas supprimé automatiquement par PowerPoint si vous ne l'utilisez sur aucune diapositive de la présentation, activez le bouton Conserver du groupe Modifier la forme de base.

- Refermez le masque et dans le bouton *Nouvelle diapositive*, descendez dans la liste des dispositions pour trouver celles du masque *Technique*.
- Cliquez sur la disposition *Deux contenus* pour créer une nouvelle diapositive.

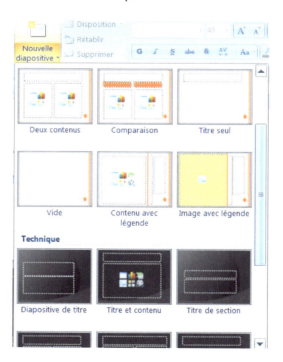

*Si vous voulez ajouter un second masque sans vous baser sur celui d'un thème existant, cliquez sur le bouton **Insérer le masque des diapositives** du groupe **Modifier la forme de base**.*

Insérer le masque
des diapositives

Exercice

Pour les manipulations suivantes, créez une nouvelle présentation, appliquez le thème *Oriel* et saisissez les trois diapositives ci-dessous (dispositions *Diapositive de titre*, *Titre de section* et *Titre et contenu*). Enregistrez la présentation dans votre dossier personnel sous le nom **Présentation TipTop Formations votre prénom**.

Activez le masque des diapositives et déroulez le bouton *Thème* pour choisir le thème *Solstice*. Cliquez sur le bouton *Conserver* du groupe *Modifier la forme de base*.

Nous sommes sûrs de ne jamais avoir besoin d'autres dispositions que celles de *Diapositive de titre*, *Titre et contenu* et *Deux contenus*. Dans le volet de navigation, cliquez droit sur tous les autres "sous-masques" pour les supprimer.

Fermez le masque et utilisez le bouton *Nouvelle diapositive* pour insérer une diapositive de disposition *Diapositive de titre*, thème *Solstice*. Saisissez la diapositive suivante :

Non, finalement cela ne nous convient pas. Retournez dans le masque des diapositives et cliquez sur le masque maître *Solstice* puis cliquez sur le bouton *Supprimer* du groupe *Modifier la forme de base.* Le masque et tous ses sous-masques disparaissent aussitôt (à noter que la diapositive que nous venons de créer récupèrera automatiquement le premier masque).

Puisque aucun thème existant ne nous convient finalement, nous allons créer notre propre masque.

Cliquez sur le bouton *Insérer le masque des diapositives* du groupe *Modifier la forme de base*. Dans le masque maître, sélectionnez la <u>zone de titre</u> de la diapositive et effectuez les opérations suivantes :

- Changez la police en *Impact*, taille 48
- Appliquez la couleur de remplissage *Vert olive, Accentuation 3, plus clair 40 %*
- Agrandissez au maximum sa largeur de façon à lui faire occuper toute la longueur de la diapositive.
- Agrandissez également sa hauteur jusqu'au bord supérieur de la diapositive

Sélectionnez le masque *Diapositive de titre* et modifiez-le comme suit :

Nous allons maintenant insérer une image translucide en arrière-plan de la diapositive :
- en mode d'affichage *Masque des diapositives*, revenez sélectionner le masque maître
- dans le groupe *Arrière-plan*, cliquez sur le bouton *Styles d'arrière-plan* puis sur *Mise en forme de l'arrière-plan*.
- dans la fenêtre qui s'affiche, cliquez sur *Remplissage avec image ou texture* puis sur le bouton *Fichier*
- sélectionnez l'image **Logo Excel.png** et cliquez sur le bouton *Insérer*.
- dans la zone *Transparence*, réglez le pourcentage à **80 %**.

- Cliquez sur le bouton *Fermer*.

Tout comme vous l'avez fait tout à l'heure, supprimez les sous-masques des dispositions inutiles et ne conservez que *Diapositive de titre*, *Titre et contenu* et *Deux contenus*.

Refermez le masque des diapositives et utilisez le bouton *Disposition* de l'onglet *Accueil* pour appliquer le masque que vous venez de créer à la quatrième diapositive.

Ajoutez également la deuxième diapositive ci-dessous :

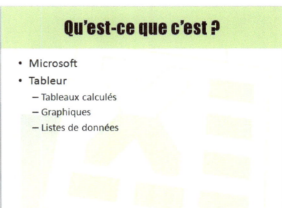

Procédez de la même façon pour créer un troisième masque dans votre présentation et ajouter les deux diapositives supplémentaires ci-dessous (utilisez l'image du logo Word disponible dans nos dossiers) :

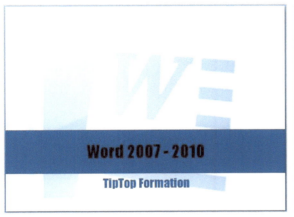
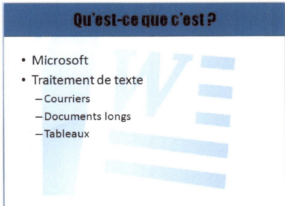

Enregistrez et refermez votre fichier **Présentation TipTop Formations votre prénom**.

Aller plus loin avec les Dispositions de diapositives

Vous le savez, les dispositions de diapositives vous permettent de gérer de façon homogène et rapide l'espace de vos diapositives.

Bien sûr, lorsque vous créez vos diapositives, PowerPoint met à votre disposition une dizaine de dispositions différentes, mais aucune ne propose par exemple un titre et deux espaces réservés l'un en-dessous de l'autre. Manque de chance, c'est bien souvent la disposition dont vous avez besoin. Ou encore, vous avez très régulièrement besoin d'une diapositive avec six images avec légende correctement réparties et alignées.

Dans ce cas, pourquoi continuer à aller rechercher une ancienne diapositive et la remanier ? Pourquoi ne pas vous créer directement une disposition personnalisée ?

Pour effectuer les manipulations suivantes, créez une nouvelle présentation et appliquez le thème *Opulent*. Enregistrez la présentation dans votre dossier personnel sous le nom **Présentation pour disposition personnalisée votre prénom**.

Créer une nouvelle disposition

- Dans l'onglet *Affichage*, cliquez sur *Masque des diapositives*.
- Dans le volet de gauche, localisez la disposition (ou sous-masque) qui ressemble le plus à celle que vous souhaitez créer, en ce qui nous concerne la disposition *Titre et contenu.*
- Pour en créer une copie, cliquez droit dessus et cliquez sur *Dupliquer la disposition*.
- Modifiez la disposition comme suit :
    - Sélectionnez l'espace réservé de contenu par sa bordure et cliquez deux fois sur le bouton *Réduire la taille de la police* $\boxed{\text{A}^{\blacktriangledown}}$ du groupe *Police* dans l'onglet *Accueil* pour diminuer proportionnellement la police de chaque niveau de puces.
    - Utilisez l'onglet contextuel *Format* pour diminuez sa hauteur à **6 cm**
    - Dupliquez l'espace réservé (*Ctrl D* au clavier) et positionnez la copie en dessous du premier espace
    - Sélectionnez les deux espaces et utilisez le bouton *Aligner* pour vérifier qu'ils sont correctement alignés l'un par rapport à l'autre.
    - Vous devez avoir obtenu le résultat suivant :

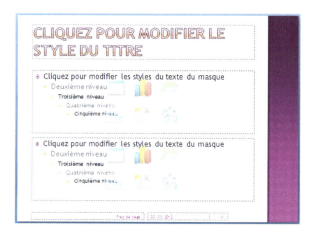

- Nous allons à présent renommer cette disposition : cliquez droit sur sa miniature dans le volet de gauche et sélectionner *Renommer la disposition*. Saisissez *Titre et 2 contenus horizontaux* et validez.
- Refermez le masque et repassez en mode d'affichage *Normal* : la disposition que vous avez ajoutée apparaît à présent dans la liste des dispositions proposées lors de la création d'une nouvelle diapositive ou dans le bouton *Disposition* du groupe *Diapositives* dans l'onglet *Accueil*.

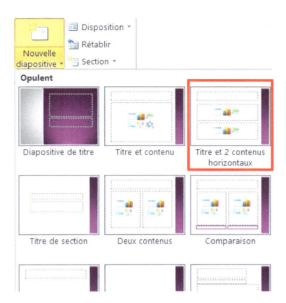

Enregistrer une disposition personnalisée

Pour enregistrer la disposition dans le thème actif et non simplement dans la présentation en cours, cliquez sur le bouton *Autres* ⬇ du groupe *Thèmes* dans l'onglet *Création* et cliquez sur *Enregistrer le thème actif*. Puis selon le cas, effectuez l'une des manipulations suivantes :

- Si vous voulez l'enregistrer en tant que nouveau thème, saisissez un nom dans la zone *Nom* et validez l'enregistrement.
- Si le thème existe déjà et que vous voulez le mettre à jour, cliquez sur le thème à mettre à jour dans la liste des fichiers et validez ; dans la boite de dialogue qui s'affiche à l'écran, répondez **Oui** à la question *Le thème existe déjà, voulez-vous le remplacer?*

 Vous pouvez également enregistrer votre disposition personnalisée dans un modèle (voir chapitre **Enregistrer un modèle de présentation** du manuel **PowerPoint niveau 1**)

Exercice

Nous allons créer une disposition prévoyant 1 espace réservé de texte à gauche et 3 espaces réservés d'images à droite. Cette fois, notre besoin est trop particulier pour nous inspirer d'une disposition standard existante, nous allons donc la créer de toutes pièces.

- Dans votre fichier **Présentation pour disposition personnalisée votre prénom**, activez le masque des diapositives et sélectionnez la disposition (ou sous-masque) *Diapositive de titre*.
- Cliquez sur le bouton *Insérer une disposition*.
- Dans la disposition qui vient de se créer, supprimez la zone de titre
- Cocher l'option *Cacher les graphiques* d'arrière-plan du groupe *Arrière-plan* dans l'onglet *Masque des diapositives.*

- Déroulez le bouton *Styles d'arrière-plan* et sélectionnez un fond de couleur soutenue pour votre disposition.
- Cliquez sur le bouton *Insérer un espace réservé* et sélectionner *Contenu*
- Tracez l'espace réservé sur la gauche de la diapositive et dans l'onglet contextuel *Format*, régler sa largeur à 12,4 cm et sa hauteur à 17,3 cm. Dans l'onglet *Accueil*, diminuez d'un cran la taille de tous les niveaux de texte.
- Retournez dans le bouton *Insérer un espace réservé* et insérer cette fois un contrôle de contenu d'Image en haut de la diapositive ; modifiez sa taille à 5,6 cm de haut sur 10 cm de large.
- Dupliquez deux fois le contrôle d'image et utilisez les boutons *Aligner* et *Répartir* de l'onglet contextuel *Format* pour positionner correctement les trois zones et obtenir le résultat suivant :

Renommez votre disposition **Texte et 3 images**

Passez en mode *Normal* et vérifiez que vous pouvez créer une nouvelle diapositive avec votre disposition.

Enregistrez le thème sous le nom **Thème à images Votre prénom**.

Enregistrez et fermez votre fichier **Présentation pour disposition personnalisée votre prénom** et créez une nouvelle présentation. Vérifiez que votre thème est disponible, ainsi que la disposition **Texte et 3 images.**

Refermez la nouvelle présentation (il n'est pas nécessaire de l'enregistrer).

LES ANIMATIONS

Les liens hypertexte

Dans PowerPoint, les liens hypertexte vous permettent de passer <u>durant le diaporama</u> non seulement d'une diapositive à une autre sans tenir compte de leur ordre normal de passage, mais également à un autre fichier, à une page Web ou même à un autre programme.

Par exemple, vous pouvez utiliser un lien hypertexte pour ouvrir un tableau Excel trop grand pour pouvoir être intégré dans une diapositive.

 Avant de créer les liens, veillez à placer les différents fichiers concernés dans le même dossier. Ainsi, si le dossier est copié ou déplacé, la liaison entre les deux présentations restera opérationnelle.

Pour effectuer les manipulations suivantes, ouvrez la présentation **Histoire des transports** et enregistrez-la dans votre dossier sous le nom **Histoire des transports Votre Prénom**.

Créer un lien hypertexte vers une autre diapositive

Positionnez-vous sur la diapositive **Les grandes étapes du transport** et sélectionnez le texte **révolution industrielle** dans la dernière cellule du tableau.

Dans l'onglet *Insertion*, cliquez sur le bouton *Liens hypertexte* du groupe *Liens*.

Dans la boîte de dialogue *Insérer un lien hypertexte*, cliquez sur *Emplacement dans ce document*, puis dans la liste des diapositives qui s'affiche, cliquez pour sélectionner la diapositive **Le chemin de fer**. Validez par *OK*.

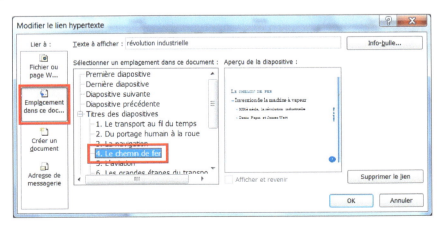

Pour tester le lien, lancez le mode d'affichage diaporama et visez le texte **Révolution industrielle** à l'aide de votre souris. Lorsque vous voyez une petite main blanche 🖑 s'afficher, cliquez pour activer le lien.

Exercice

Il est indispensable dans notre cas de figure de pouvoir revenir à notre diapositive de départ contenant notre tableau aussi facilement et rapidement que nous sommes arrivés sur la diapositive **Le chemin de fer**.

Utilisez le bouton *Formes* de l'onglet *Insertion* pour dessiner une flèche pleine en bas à gauche de la diapositive **Le chemin de fer** et ajoutez-lui un lien hypertexte qui vous ramènera à la diapositive **Les grandes étapes du transport.**

Testez votre lien hypertexte en mode **Diaporama**.

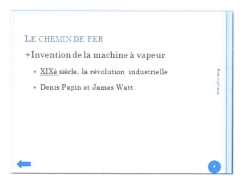

Créer un lien hypertexte vers un autre fichier

Cette fois, il s'agit de créer un lien hypertexte qui nous ouvrira un autre fichier, plus spécifiquement un fichier Excel pour notre exemple. Cela peut s'avérer très utile car PowerPoint, qui rappelons-le n'est pas un outil pour montrer un grand nombre d'informations détaillées, supporte mal les grands tableaux.

- Pour commencer, vous devez copier le fichier Excel **Tableau Transport** que nous avons mis à votre disposition sur le réseau dans votre dossier personnel (plus précisément dans le même dossier que celui dans lequel vous avez enregistré votre présentation **Histoire des transports Votre Prénom**).
- Rouvrez maintenant si nécessaire votre présentation **Histoire des transports Votre Prénom**.
- Dans la diapositive **Les risques**, dessinez une flèche en-dessous du tableau et saisissez par exemple le texte **Détails** à l'intérieur de la forme.

- Cliquez sur la flèche pour la sélectionner et dans l'onglet *Insertion*, cliquez sur le bouton *Liens hypertexte* du groupe *Liens*.
- Dans la boîte de dialogue *Insérer un lien hypertexte*, cliquez sur *Fichier ou page Web*, puis sur *Dossier actif* (ou si besoin sur le bouton *Rechercher les fichiers* 📂) et sélectionnez le fichier **Tableau Transport**. Validez par *OK*.

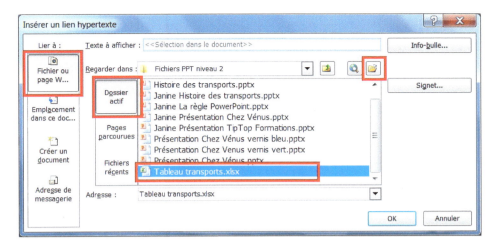

 Lorsque vous créez un lien hypertexte vers un fichier Excel, le fichier s'ouvrira en affichant la feuille Excel active lors du dernier enregistrement du fichier.

Créer un lien hypertexte vers une page internet

Pour créer un lien vers une page internet, vous pouvez saisir l'adresse de la page dans la zone *Adresse* de la boite de dialogue *Insérer un lien hypertexte*, par exemple :

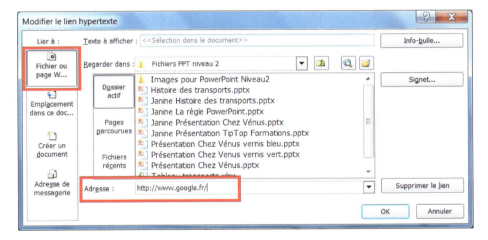

 Si l'adresse de la page Web est trop complexe pour être saisie, vous pouvez tout simplement la copier depuis la barre d'adresse de votre navigateur Internet et la coller dans la zone Adresse de la boite de dialogue ci-dessus.

Supprimer un lien hypertexte

Pour supprimer un lien hypertexte, sélectionnez le texte ou l'objet sur lequel vous avez ajouté le lien, cliquez sur le bouton *Lien hypertexte* de l'onglet *Insertion* puis sur le bouton *Supprimer le lien* de la boite de dialogue (vous pouvez également cliquer droit sur le texte ou l'objet puis cliquez sur *Supprimer le lien hypertexte*).

Utiliser un lien hypertexte pour passer d'une orientation Portrait à une orientation Paysage

Une présentation ne peut avoir qu'un seul type d'orientation, soit *Paysage*, soit *Portrait*, mais vous pouvez lier deux présentations durant le diaporama de façon à afficher des diapositives de l'une en orientation *Portrait* et de l'autre en orientation *Paysage* ; ainsi, elles se présenteront au final comme s'il s'agissait d'une seule et même présentation.

Nous allons cette fois créer notre lien hypertexte par le bouton *Action*, qui nous offre une méthode simplifiée qu'il serait dommage d'ignorer.

Pour les manipulations suivantes, vous aurez besoin de votre présentation **Histoire des transports Votre Prénom** et de la présentation **Concorde** mise à votre disposition sur le réseau.

- Avant tout, copiez la présentation **Concorde** dans le même dossier que celui contenant votre présentation **Histoire des transports Votre Prénom**.

- Puis ouvrez la présentation **Histoire des transports Votre Prénom** et recherchez la diapositive contenant la zone de texte WordArt **Concorde** et sélectionnez l'objet texte.

- Dans l'onglet *Insertion*, cliquez sur *Action* du groupe *Liens*.

- Dans la boîte de dialogue *Paramètres des actions*, sous l'onglet *Cliquer avec la souris*, cliquez sur *Créer un lien hypertexte vers*, puis sélectionnez *Autre présentation PowerPoint* dans la liste.

- Dans la fenêtre qui s'affiche, sélectionnez la présentation **Concorde**, puis cliquez sur *OK.* La boîte de dialogue *Lien hypertexte vers une diapositive* s'affiche, cliquez sur la première diapositive puis validez.

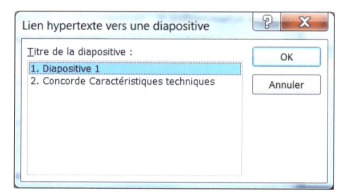

- Lancez le diaporama et testez le lien.

Les boutons d'action prédéfinis

Au lieu de dessiner vos propres boutons pour vos liens hypertexte, vous pouvez également utiliser les *boutons d'action* proposés par PowerPoint. Les *boutons d'action* sont des boutons particuliers qui vous proposerons automatiquement de lancer une action telle qu'accéder à une autre diapositive ou à un autre fichier, exécuter un programme ou une macro, lire un clip audio ou une vidéo.

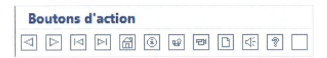

Boutons d'action

Pour les manipulations qui suivent, sélectionnez la diapositive **Concorde** de la présentation **Histoire des transports Votre Prénom**.

Ajouter un bouton d'action

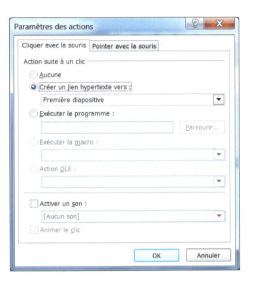

- Sous l'onglet *Insertion*, déroulez le bouton *Formes*, descendez en bas de la liste puis dans le groupe *Boutons d'action*, cliquez sur le bouton *Accueil* 🏠.
- Cliquez-glissez en bas à gauche de la diapositive pour tracer le bouton.
- Dans la boîte de dialogue *Paramètres des actions*, PowerPoint vous propose automatiquement de créer une action vers la première diapositive, ce qui nous convient.
- Validez par *OK*

Si vous préférez que le lien hypertexte soit activé lors du survol avec la souris de l'objet sur lequel il a été ajouté, utilisez l'onglet Pointer avec la souris de la boite de dialogue ci-dessus.

Utiliser pleinement les effets d'animation

Rappel des principes de base des animations

Les animations permettent de rendre une présentation PowerPoint plus dynamique et de faire en sorte que les informations soient plus faciles à retenir.

Les types les plus courants d'effets d'animation sont les *débuts* (*ouverture*) et les *fins* (*sortie* ou *fermeture*), mais il existe également les effets *d'accentuation* (*emphase*) ou les *trajectoires*.

Si les effets d'animation de début et de fin ne vous sont pas très familiers, reportez-vous au niveau **Initiation** de PowerPoint.

De nombreux spécialistes en présentations conseillent d'utiliser les animations et les effets sonores avec parcimonie. Les animations doivent être utilisées pour mettre en évidence des arguments, mais un excès d'animations peut également distraire... voire lasser.

Les animations d'entrée (ouverture) et de sortie (fermeture)

Pour effectuer les manipulations qui suivent, ouvrez la présentation **Histoire des transports Votre**

Prénom et sélectionnez la diapositive **Du Portage humain à la roue**.

Notre diapositive doit afficher plusieurs images pour illustrer notre propos. Pour éviter de trop encombrer notre diapositive, nous voulons que les images apparaissent puis disparaissent tour à tour. Voici comment procéder :

- Insérez les trois images **Transport Homme**, **Transport Animaux** et **Transport roue antique** que vous trouverez dans notre dossier sur le réseau. Pour faciliter vos manipulations, positionnez pour l'instant les trois images en-dehors de la diapositive, sur l'espace grisé de chaque côté.
- Modifiez leur taille pour vous rapprocher de l'exemple affiché ci-dessous et diminuez la largeur de l'espace réservé du texte à puces pour libérer de l'espace à droite de la diapositive :

- Dans l'onglet *Animations*, cliquez sur le bouton *Volet animations* et effectuez les réglages suivants :
  - Sélectionnez l'image **Transport Homme** puis :
    - Ajoutez l'effet de début (d'ouverture) *Estompé*
    - Dans le *volet des animations*, visez l'effet et cliquez sur sa flèche déroulante pour sélectionner *Minutage*. Choisissez une durée d'animation *Rapide*.
  - Sélectionnez l'image **Transport Animaux** et appliquez-lui le même effet et les mêmes options (vous pouvez pour cela vous aider du bouton *Reproduire l'animation* de l'onglet *Animations*)
  - Resélectionnez l'image **Transport Homme** puis :
    - Ajoutez-lui l'effet de sortie (fermeture) *Disparaître*.
    - Dans le volet des animations, visez l'effet et cliquez sur sa flèche déroulante pour sélectionner *Démarrer avec le précédent*.
  - Vous devez avoir la liste d'effets suivante (les numéros d'images pouvant cependant être différents) :

- Positionnez maintenant les deux images l'une sur l'autre dans la diapositive et lancez le diaporama pour tester vos animations.

- Il ne vous reste plus maintenant qu'à faire de même pour l'image **Transport Roue antique** afin de faire en sorte qu'elle apparaisse après l'image **Transport Animaux,** laquelle doit disparaître aussitôt. Et n'oubliez pas de la repositionnez sur la diapositive au risque de croire que l'animation ne fonctionne pas...

 Les éléments animés sont indiqués sur la diapositive par des balises numérotées non imprimables. Ces balises correspondent aux animations de la liste du **volet Animation**.

Lancez le ***Diaporama*** pour tester vos animations. Tout devrait bien fonctionner.

Oui mais...

A bien y réfléchir, idéalement, les images devraient apparaître au fur et à mesure du texte qui les concerne n'est-ce pas ? Ce qui n'est pas bien plus compliqué, en fait.

Intercaler texte et images

- Commencez par sélectionnez l'espace réservé du texte à puces en cliquant sur sa bordure
- Ajoutez-lui un effet d'ouverture (***Apparaître*** par exemple).
- Dans le volet des animations, utilisez la flèche ***Réorganiser*** 🔼 en bas de la liste des effets pour faire remonter l'animation de la zone de texte en toute première position.

Observez maintenant l'aspect de l'effet sur la zone de texte : il diffère des autres effets par l'affichage d'un double chevron juste en-dessous de son nom.

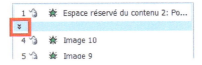

Cette différence s'explique par le fait que la zone à puces s'anime en plusieurs temps, une animation pour chaque paragraphe de 1er niveau. Si vous cliquez sur ce double chevron, vous verrez donc apparaître le détail de l'animation :

Un premier clic fait apparaître le paragraphe de 1er niveau **Portage humain**, un deuxième clic le paragraphe de 1er niveau **Portage animal** <u>avec ses sous-paragraphes</u> de 2ème niveau, un troisième clic le paragraphe **Invention de la roue** <u>avec son sous-paragraphe</u>. Apparait ensuite la première image, etc... Testez votre nouvelle animation en mode *Diaporama*. Le texte est bien animé, les images aussi.

Mais (encore un mais !) nous voulons que les animations de nos images <u>s'intercalent</u> avec les animations du texte. Eh bien il nous suffit de faire glisser l'image **Transport Humain** juste en dessous du paragraphe **Portage humain** dans la liste des effets.

Mieux encore, nous allons demander à ce que l'image apparaisse automatiquement en même temps que le texte en cliquant sur la flèche déroulante de l'effet appliqué sur l'image **Transport Humains** (ici Image 10) et en sélectionnant *Démarrer avec le précédent*.

Vous pouvez de la même façon faire remonter l'animation d'entrée de l'image **Transport Animaux** (sans oublier l'animation *Disparition* de l'image **Transport Humain**) sous le paragraphe **Cheval**. Comme précédemment, faites en sorte que ces animations démarrent en même temps qu'apparaît le paragraphe **Portage Animal**.

En dernier lieu et toujours dans la même logique, réglez les deux dernières animations d'images de façon à ce que l'image **Transport Roue antique** apparaisse en même temps que le texte **Invention de la roue** et que disparait l'image **Transport Animal**.

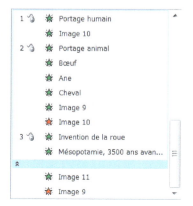

Vous êtes perdu ? Pourquoi ne pas afficher le volet de sélection que nous avons découvert plus haut et renommer vos images ? Vous y verrez sans aucun doute plus clair dans l'ordre de vos animations.

Si malgré cela vous ne vous en sortez pas, allez jeter un œil sur la diapositive de la présentation **Diapositives d'animation** *pour vous dépanner.*

Exercice

Dans la présentation **Histoire des transports Votre Prénom**, sélectionnez la diapositive **Le chemin de fer**.

- Ajoutez l'effet d'ouverture de votre choix à l'espace réservé du texte à puces.
- Cliquez sur la flèche déroulante de l'effet puis sur *Options de l'effet* et dans l'onglet *Animation texte*, groupez le texte sur le 2ème niveau de paragraphe (ce qui nous permettrait de faire apparaître séparément les sous-paragraphes)
- Insérez l'image **Machine à vapeur** et ajoutez-lui l'effet d'ouverture de votre choix. Placez l'effet après le paragraphe **Invention de la machine à vapeur**.
- Faites en sorte que l'image **Machine à vapeur** disparaisse au moment où apparait le texte **XIXè siècle, la révolution industrielle**.
- Insérez les images **Denis Papin** et **James Watt** et ajoutez-leur les effets d'ouverture de votre choix.
- Faites en sorte qu'elles apparaissent toutes les deux au moment où le texte **Denis Papin et James Watt** s'affiche, dans l'ordre suivant :
  - L'image **Denis Papin** doit s'afficher *Après l'effet précédent*, avec un délai de 0,5 secondes réglable dans l'onglet *Minutage* des options d'effet.
  - L'image de **James Watt** doit s'afficher aussitôt après l'image **Denis Papin**

Début, délai et durée d'un effet d'animation

Comme vous venez de le voir durant l'exercice, les options d'effet permettent de régler plusieurs caractéristiques intéressantes :

- Le **Début** ou déclenchement de l'effet :

- Au clic (Démarrer en cliquant)
- Avec l'évènement ou l'effet précédent (Démarrer avec le précédent)
- Après l'évènement ou l'effet précédent (Démarrer après le précédent)
- Le **Délai** avant déclenchement de l'effet
  - Réglable en seconde, la notion de délai peut être intéressante si vous enchaînez deux effets
- La **Durée** (Vitesse) de l'effet
  - Permet de spécifier la longueur de l'animation

Répéter et rembobiner un effet

- Répéter
  - Vous pouvez utiliser cette option pour demander à ce que l'effet se répète automatiquement plusieurs fois
- Revenir au début après lecture
  - Cette option permet de rétablir automatiquement l'emplacement et l'aspect initiaux d'un effet d'animation après sa lecture (par exemple, après la lecture de l'effet de sortie brusque, l'élément réapparaît dans la diapositive à son emplacement d'origine)

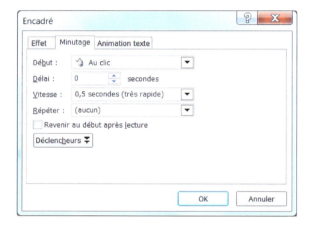

Les animations d'accentuation (emphase)

Imaginons maintenant que nous ne voulions pas que la machine à vapeur disparaisse, mais plutôt qu'elle rétrécisse à l'écran. Il s'agit là d'un effet d'emphase, très utile là aussi pour gagner de la place sur une diapositive chargée.

Un petit problème se pose cependant : il sera sans doute difficile de travailler notre image avec les deux autres images affichées au même endroit. Nous pourrions pousser ces dernières sur les côtés de la diapositive le temps d'effectuer nos manœuvres puis les remettre en place, mais nous allons plutôt utiliser le *Volet de sélection*, puisqu'il est a été justement créé pour ce genre de situation.

- Dans l'onglet *Accueil*, cliquez sur le bouton *Sélectionner* puis sur *Volet de Sélection*.
- Agrandissez au besoin la largeur du volet jusqu'à ce qu'apparaissent la colonne des yeux en regard de chaque objet.
- Cliquez sur les yeux 👁 des deux images **Denis Papin** et **James Watt** pour les masquer (il ne faudra pas oublier de les réafficher plus tard car le Diaporama n'affiche pas les objets masqués).
- Si ce n'est pas encore fait, profitez-en pour renommer vos trois images, ce qui nous permettra

de mieux nous y retrouver dans nos animations.

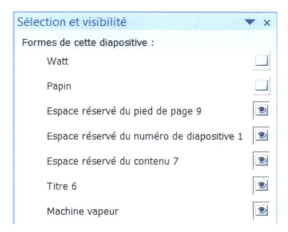

Voyons à présent nos animations :

- Pour commencer, il nous faut supprimer l'effet *Disparaître* dans la liste des effets : cliquez dessus et appuyez sur la touche *Suppr* au clavier.
- Resélectionnez l'image **Machine à vapeur** sur la diapositive et ajoutez-lui l'effet d'*Accentuation* (d'*emphase*) *Agrandir/Rétrécir*. Dans les options de l'effet, choisissez une taille plus petite de 50%.
- Dans la liste des effets, positionnez l'effet après le texte **XIXè siècle, la révolution industrielle** et faites-le démarrer en même temps que l'effet précédent.

- Vérifiez en mode *Diaporama* que tout se passe bien comme prévu.

Tout va bien, mais il faudrait aussi que la machine à vapeur, en même temps qu'elle rétrécit, glisse sur le côté pour laisser place aux deux images qui vont suivre. Il s'agit cette fois d'utiliser un effet *Trajectoire*. Ce genre d'animation peut vous être utile pour expliquer une succession de points sans perdre de vue les différentes étapes du processus.

Les trajectoires

Cliquez sur l'image **Machine à vapeur** pour la sélectionner : nous allons lui ajouter une trajectoire.

A noter qu'il existe de nombreuses trajectoires préétablies, plus ou moins amusantes (et utiles) que vous pouvez tester. Pour notre exercice, nous voulons cependant créer une trajectoire personnalisée qui déplacera l'image vers le coin supérieur droit de la diapositive.

Dans l'onglet *Animation*, ajoutez un effet de trajectoire en suivant les étapes suivantes :

- Sélectionnez l'image **Machine à vapeur**.
- Dans l'onglet *Animations*, déroulez le bouton *Ajouter une animation* puis descendez en bas de la liste pour visualiser le groupe *Trajectoires*

- Cliquez sur le bouton *Chemin perso*
- Cliquez une fois sur le milieu de l'image puis visez l'angle supérieur droit de la diapositive (à peu près à deux centimètres du bord) et double-cliquez.

Pour finir, nous voulons que l'effet de déplacement s'effectue en même temps que l'effet de rétrécissement :

- Dans la liste des effets, déplacez l'effet trajectoire en-dessous de l'effet *Agrandir/Rétrécir*
- Dans les options d'effet, choisissez *Démarrer avec le précédent*.

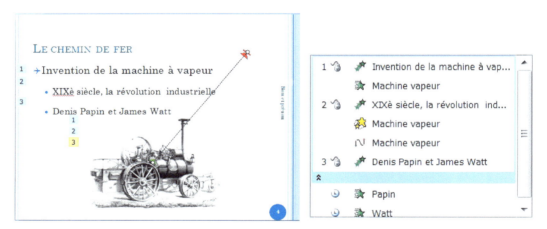

Et bien sûr, n'oubliez pas de réafficher ces messieurs Papin et Watt dans le *volet de sélection* avant de relancer le diaporama pour tester le résultat final de tous ces efforts !

 Pour modifier le point de départ ou le point d'arrivée d'une trajectoire, cliquez-glissez sur la flèche verte ou sur la flèche rouge pour les déplacer.

Pour les trajectoires plus complexes qu'un trait droit, vous pouvez en modifier le tracé : cliquez avec le bouton droit sur la trajectoire puis cliquez sur **Modifier les points**.

Des poignées noires carrées apparaissent sur la trajectoire. Faites glisser l'une des poignées pour modifier cette partie de la trajectoire.

Les déclencheurs

Les *déclencheurs* sont des animations de type particulier : utiliser un déclencheur permet de décider si l'animation aura ou n'aura pas lieu.

Un exemple ? Lorsque vous faites défiler votre diaporama, vous ne voulez pas que des explications ou informations particulières s'affichent systématiquement, mais uniquement si vous cliquez pour le demander. Le clic pour lancer l'animation devra être effectué sur un élément de la diapositive, que l'on appellera le *déclencheur*.

Dans l'exemple qui suit, nous voulons que la photo et la description d'une pirogue ne s'affiche qu'au clic sur une flèche placée sur la diapositive. Avant cela, nous devons préparer le terrain :

- Ouvrez la présentation **Histoire des transports Votre Prénom** et sélectionnez la diapositive **La Navigation**
- La plupart des objets dont nous aurons besoin sont déjà insérés et nous avons ajouté quelques animations (lancez le *Diaporama* pour vous rendre compte par vous-même)
- Revenez en mode d'affichage *Normal* et insérez l'image **Pirogue** ; placez-la juste au-dessus de la zone de texte descriptive
- Groupez l'image **Pirogue** et la zone de texte **Embarcation longue**...
- Affichez le *Volet de sélection* et effectuez les manipulations suivantes, qui nous permettrons de nous repérer au moment de créer nos déclencheurs :

    - Dans la diapositive, cliquez sur le groupe que vous venez de créer pour le sélectionner et dans le volet de sélection, renommez le libellé qui s'est sélectionné **Pirogue**
    - Sélectionnez la petite flèche bleue en regard du texte **Pirogues** et dans le volet de sélection, renommez le libellé qui s'est sélectionné **Flèche Pirogue**
    - Sélectionnez la petite flèche bleue en regard du texte **Canoës** et dans le volet de sélection, renommez le libellé qui s'est sélectionné **Flèche Canoës**

Nous sommes enfin prêts pour créer notre première animation avec déclencheur :

- Sélectionnez le groupe **Pirogue** et ajoutez-lui l'effet ⭐ *Apparaître* puis dans les *Options de l'effet*, effectuez les opérations suivantes :

    - Dans l'onglet *Minutage*, cliquez sur le bouton *Déclencheurs*
    - Cochez l'option *Démarrer l'effet lors du clic sur* et dans la liste déroulante, sélectionnez **Flèche Pirogues**

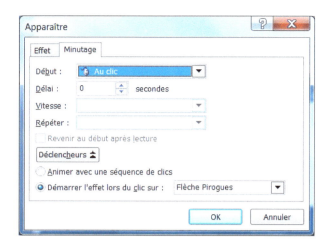

- Lancez le diaporama et testez le déclencheur en visant la flèche : la petite main blanche 🖑 doit s'afficher et vous permettre de cliquer pour faire apparaître le groupe **Pirogue**.

Voilà qui est fait. Faciles et efficaces, les déclencheurs demandent simplement à mettre un peu d'ordre dans les libellés des différents objets présents sur les diapositives sous peine de ne plus s'y retrouver.

A noter que les animations par déclencheur s'affichent toujours en fin de liste dans le volet des animations.

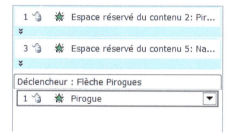

Nous voulons maintenant pouvoir faire disparaître notre groupe de la même façon que nous l'avons fait apparaître, à savoir d'un même clic sur la flèche bleue. Voici comment procéder :

- Sélectionnez le groupe **Pirogue** et ajoutez-lui un effet ⭐ *Disparaître*.
- Plutôt que de repasser par les manipulations de création du déclencheur (puisqu'il est déjà créé), faites simplement glisser l'effet *Disparaître* sous le déclencheur **Flèche Pirogues**.

Relancez le diaporama et testez : un clic sur la flèche affiche le groupe, un autre clic le masque.

Dans la diapositive **La Navigation** de la présentation **Histoire des transports Votre Prénom,** effectuez les manipulations suivantes :

- Utilisez le *Volet de sélection* pour masquer le groupe **Pirogue**
- Insérez l'image **Canoës** mise à votre disposition sur le réseau et positionnez-la dans la diapositive (voir exemple ci-dessous)
- Positionnez la zone de texte **Type d'embarcation...** en bas de la diapositive
- Regroupez l'image et la zone de texte et dans le volet de sélection, renommez le groupe **Canoë**
- Renommez **Flèche Canoës** la flèche bleue en regard du texte Canoës
- Créez un déclencheur pour afficher le groupe **Canoë** par un clic sur la **Flèche Canoës**
- Un clic sur la **Flèche Canoës** devra également faire disparaître le groupe **Canoë**

Si le cœur vous en dit (et si vous disposez d'assez de temps), vous pouvez recommencer les mêmes opérations pour les paragraphes **Navires** et **Galères**.

Enregistrez et refermez votre présentation **Histoire des transports Votre Prénom**.

Autres exemples d'effets utiles

Pour effectuer les manipulations qui suivent, ouvrez **Présentation Chez Vénus Votre Prénom** et sélectionnez la diapositive **Vénus à vos côtés**.

Estomper le texte après animation

Nous voulons que lors de notre présentation du diaporama devant un public, le paragraphe dont nous avons fini de parler s'inscrive en gris lorsque nous passons au point suivant. Pour ce faire, utilisez à nouveau les options d'effet :

Dans la diapositive **Vénus à vos côtés**, sélectionnez la liste à puces de gauche en cliquant sur sa bordure et effectuez les manipulations suivantes :

- Ajoutez l'effet d'ouverture *Zoom*.
- Dans les options de l'effet, cliquez sur l'onglet *Effets*.
- Cliquez sur la flèche déroulante de l'option *Après l'animation*
- Cliquez sur *Autres couleurs* et choisissez une couleur gris clair.

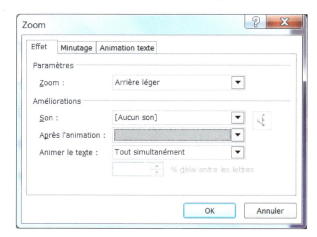

Animer le texte par niveau de paragraphe

Toujours dans le but d'aider le public à mieux suivre les points abordés durant notre animation, nous voulons que l'apparition d'une puce de 1er niveau n'entraîne pas automatiquement l'apparition de ses sous-niveaux. Voici comment procéder pour dissocier les animations sur les différents niveaux de puces :

- Dans la diapositive **Nos implantations**, sélectionnez la liste à puces en cliquant sur sa bordure et ajoutez-lui un effet d'ouverture Apparaître.
- Si vous vérifiez en mode Diaporama, vous constatez que pour l'instant, les trois paragraphes de niveau 1 apparaissent d'un bloc avec leurs sous-paragraphes de niveau 2 et de niveau 3.

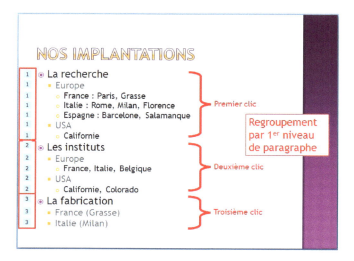

Il s'agit pour nous de dissocier l'apparition des sous-paragraphes : nous allons demander à ce que le regroupement se fasse sur le 3ème niveau de paragraphe.

- Dans les options d'effet, cliquez sur l'onglet *Animations de texte*.

- Dans la zone *Grouper le texte*, sélectionnez *Par 3ème niveaux de paragraphes*.
- Lancez le diaporama pour vérifier l'enchaînement des effets.

Animer un graphique

A condition d'avoir été créés par PowerPoint (et non importés d'Excel par exemple), les graphiques eux aussi ont quelques options spécifiques d'animation intéressantes.

Dans le fichier **Présentation Chez Vénus Votre Prénom**, sélectionnez la diapositive **Quelques chiffres.**

Ajoutez un effet d'ouverture *Etirer* et dans les options d'effet, onglet *Effets*, modifiez le sens de l'étirement pour choisir *A partir du bas*

Lancez le diaporama pour vérifier l'animation

Revenez en mode d'affichage *Normal* et effectuez les manipulations suivantes :
- Dans les options d'effet, activez l'onglet *Animation d'un Graphique*
- Dans la zone *Grouper le graphique*, sélectionnez *Par série*
- Lancez le diaporama pour vérifier l'enchaînement des effets
- Retournez dans les options de l'effet pour tester les autres options proposées par la zone *Grouper le graphique*

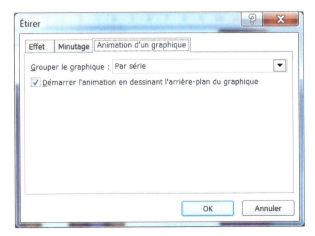

Animer un graphique SmartArt

Les graphiques SmartArt n'ont pas été oubliés par les animations, loin de là. Pour les tester, nous allons rapidement en créer un à partir d'un texte existant :

- Rouvrez si nécessaire votre fichier **Présentation Chez Vénus Votre Prénom** et cliquez droit sur la miniature de la diapositive **Nos implantations**. Cliquez sur *Dupliquer la diapositive*.
- Sélectionnez la zone à puces en cliquant sur sa bordure
- Dans l'onglet *Accueil*, groupe *Paragraphe*, cliquez sur le bouton *Convertir en graphique SmartArt*
- Choisissez la disposition *Liste à puces verticale*
- Ajoutez un effet d'ouverture *Etirer* et dans les options d'effet, changez les options suivantes :
  - Onglet *Effet* : choisir *A partir de la gauche* dans la zone *Sens*
  - Onglet *Minutage* : choisir *Rapide* dans la zone *Vitesse*
  - Onglet *Animation SmartArt* : choisir *Un par Un* dans la zone *Grouper le graphique*

> *Les animations disponibles varient en fonction de la disposition SmartArt sélectionnée. Cependant, vous pouvez toujours animer toutes les formes en une fois ou une seule forme à la fois.*

Les animations des graphiques SmartArt	
Option	*Description*
Sous la forme d'un objet	L'animation est appliquée comme si l'ensemble du graphique SmartArt était une seule grande image ou un seul objet.
Tout simultanément	Toutes les formes du graphique SmartArt sont animées en même temps. La différence entre cette animation et l'animation Sous la forme d'un objet est plus visible dans les animations dans lesquelles les formes pivotent ou grossissent. Avec l'animation Tout simultanément, chaque forme pivote ou grossit individuellement. Avec l'animation Sous la forme d'un objet, l'ensemble du graphique SmartArt pivote ou grossit.
Un par un	Chaque forme est animée individuellement, l'une après l'autre.
Par branche un par un	Toutes les formes de la même branche sont animées en même temps. Cette animation fonctionne bien avec les branches d'un organigramme ou une mise en page de hiérarchies. Elle est similaire à l'animation Un par un.
Par niveau immédiatement	Toutes les formes du même niveau sont animées en même temps. Par exemple, si vous disposez d'une mise en page à trois formes comportant le texte Niveau 1 et trois formes comportant le texte Niveau 2, les trois formes qui contiennent le Niveau 1 sont animées en premier, suivies par les trois formes qui contiennent le Niveau 2.
Par niveau un par un	Les formes du graphique SmartArt sont tout d'abord animées par niveau, puis individuellement au sein de ce dernier. Par exemple, si vous disposez d'une mise en page à quatre formes qui contiennent le texte Niveau 1 et trois formes qui contiennent le texte Niveau 2, chacune des quatre formes contenant le texte Niveau 1 sont animées individuellement, suivies par chacune des trois formes contenant le texte Niveau 2.

Copier une animation

- Sélectionnez l'objet sur lequel vous avez appliqué les animations

- Sous l'onglet *Animations*, dans le groupe *Animation avancée*, cliquez sur *Reproduire l'animation*.

- Votre curseur prend la forme
- Cliquez sur l'objet de la diapositive auquel vous souhaitez ajouter les animations.

LE MULTIMEDIA

De plus en plus, le multimédia fait partir intégrante de nos fichiers PowerPoint. Nous vous proposons à présent de découvrir comment enrichir vos diapositives de sons ou de vidéos.

Les sons

Pour les manipulations suivantes, vous pouvez vous munir d'un casque audio qui vous permettra d'entendre les sons testés (si nécessaire, demandez au formateur).

Ajouter un son à un effet d'animation

Vous pouvez ajouter une emphase supplémentaire à du texte ou des objets animés en appliquant des effets sonores.

Trop de sons durant votre diaporama sera nuisible à l'ensemble. Tout comme les animations elles-mêmes, et même plus encore, les sons doivent être utiles et servir à appuyer ou clarifier les propos du présentateur.

Pour effectuer les manipulations suivantes, si ce n'est pas déjà fait, rouvrez votre présentation **Histoire des transports Votre Prénom** et positionnez-vous sur la diapositive **Concorde.**

- Sélectionnez l'objet WordArt **Concorde**
- Pour commencer, nous allons appliquer un effet d'animation, sur lequel nous ajouterons le son :
  - choisissez par exemple l'effet d'*entrée* (d'*ouverture*) *Entrée brusque*
  - modifiez ses options pour faire apparaître l'objet *A partir du coin supérieur droit*
- Dans l'onglet *Effet* des *options d'effets*, déroulez la zone *Son* : une liste de sons intégrés prédéfinis est proposée, mais nous voulons choisir un fichier son particulier ; descendez en bas de la liste et cliquez sur *Autre son*
  - Sélectionnez le fichier son **Avion.wav** dans le dossier **Fichiers sons et vidéo PPT Maîtrise** mis à votre disposition sur le réseau
- Cliquez sur le bouton 🔊 à droite de la zone *Son* pour régler le volume du son
- Validez par *OK*
- Lancez le diaporama pour tester l'effet obtenu.

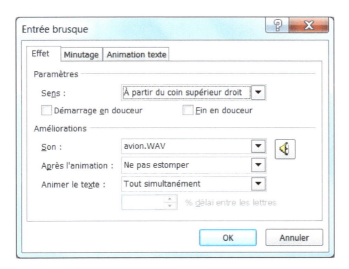

Exercice

Dans la présentation **Histoire des transports Votre Prénom**, sélectionnez la diapositive **Et bientôt dans le ciel…**. :

- Sélectionnez l'image et ajoutez-lui un effet d'ouverture *Zoom de base*
- Dans les *options d'effet*, onglet *Minutage*, choisissez une vitesse de 5 secondes
- Dans les *options d'effet*, onglet *Effets*, cliquez sur *Autre son* et sélectionnez le fichier son **Impérial.wav**.
- Lancez le diaporama pour tester l'effet obtenu.

Ajouter un son sur une diapositive

- Dans la présentation **Histoire des transports Votre Prénom**, sélectionnez la diapositive **Et dans les mers.**
- Dans l'onglet *Insertion*, déroulez le bouton *Audio*
  - Sélectionnez *À partir d'un fichier audio* et dans le dossier **Fichiers sons et vidéo PPT Maîtrise** mis à votre disposition sur le réseau, sélectionnez le fichier **MpDoulou.wav**.
- Une icône représentant le son s'insère sur la diapositive.

- Parallèlement, un effet d'animation *Déclencheur* est automatiquement ajouté dans le *volet des animations* (si besoin, affichez le volet en cliquant sur le bouton *Volet Animation*)

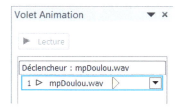

Enregistrer des commentaires audio dans une diapositive

 Pour enregistrer des commentaires audio, l'ordinateur doit être équipé d'une carte son et d'un microphone.

- Munissez-vous d'un microphone
- En mode d'affichage *Normal*, cliquez sur la diapositive à laquelle vous souhaitez ajouter des commentaires audio
- Dans l'onglet *Insertion*, groupe *Média*, cliquez sur la flèche déroulante du bouton *Audio*, puis cliquez sur *Enregistrer l'audio*
- La fenêtre *Enregistrer un son* s'affiche à l'écran

- Dans la zone *Nom*, saisissez un nom descriptif pour votre enregistrement audio
- Lancez l'enregistrement en cliquant sur le bouton ⬤ et commencez à parler dans votre micro
  - Pour faire une pause durant l'enregistrement, utiliser le bouton ⬛ ; vous pouvez reprendre l'enregistrement en cliquant à nouveau sur le bouton ⬤
  - Pour vérifier votre enregistrement, cliquez sur le bouton ▶
  - Pour arrêter votre enregistrement et le valider, cliquez sur le bouton ⬛ puis sur *OK*
- Une icône de son 🔊 apparaît dans la diapositive ; pour réécouter le son, visez l'icône à l'aide de votre souris et cliquez sur le bouton ▶ et la barre d'outils qui s'affiche (pour découvrir toutes les options de lancement d'un son, voir ci-après)

Lancement du son

Dans la diapositive, sélectionnez l'icône du son et déroulez le bouton *Début* dans l'onglet contextuel *Lecture* pour sélectionner l'option souhaitée :

- Pour lancer automatiquement le son lorsque vous affichez la diapositive, sélectionnez *Automatiquement*
- Pour lancer manuellement le son lorsque vous cliquez dessus dans la diapositive, sélectionnez *Au clic*

Masquer l'icône de son

Si vous choisissez une lecture automatique du son ou si vous créez d'autres types de commandes comme un *déclencheur*, vous pouvez choisir de masquer l'icône du son durant le diaporama (à noter qu'elle restera toujours visible en mode *Normal*) :

- Cliquez sur l'icône de son 🔊 sur la diapositive
- Dans l'onglet contextuel *Lecture*, dans le groupe *Options du son*, activez la case à cocher *Masquer pendant la présentation*.

Lire un son en continu

Lire un son en continu sur une diapositive

- Cliquez sur l'icône de son 🔊 sur la diapositive pour le sélectionner
- Dans l'onglet contextuel *Lecture*, activez la case à cocher *En boucle jusqu'à l'arrêt* (le son sera joué en continu jusqu'à ce que vous passiez à la diapositive suivante)

Lire un son sur tout le diaporama

- Cliquez sur l'icône de son 🔊 sur la diapositive pour le sélectionner puis déroulez le bouton *Début* dans l'onglet contextuel *Lecture*
- Sélectionnez *Exécution sur l'ensemble des diapositives.*

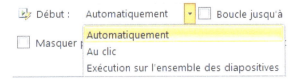

Lire un son sur plusieurs diapositives

Affichez si nécessaire le volet des animations et dans les *Options d'effet*, onglet *Effet*, activez l'option *Après* dans la zone *Interrompre la lecture*, puis sélectionnez le nombre total de diapositives dans lesquelles le fichier doit être lu.

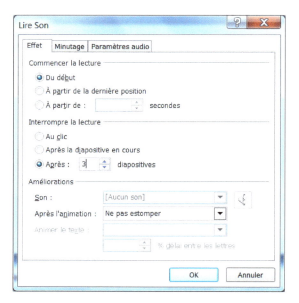

 La durée du son doit coïncider avec la durée d'affichage des diapositives. Vous pouvez consulter la durée du fichier audio sous l'onglet Paramètres audio, sous Informations.

 *En version PowerPoint 2010, les sons utilisés dans une présentation sont systématiquement liés mais pas incorporés à la présentation. **Pour éviter tout problème, il est préférable de copier tous les sons utilisés dans le même dossier que la présentation avant de les ajouter dans cette dernière.** PowerPoint pourra alors retrouver le fichier son même si vous déplacez ou copiez le dossier sur un autre ordinateur.*

Les vidéos

Vue d'ensemble

Dans une présentation PowerPoint, l'utilisation d'un film peut vous aider à rendre votre présentation plus dynamique ou la compléter par des informations contenues dans la vidéo. Un film peut par exemple montrer l'intervention d'une personne, effectuer la visite virtuelle d'un site ou encore montrer un évènement significatif de l'actualité.

Les films sont des fichiers vidéo informatiques au format AVI ou MPEG, ayant entre autres les extensions de fichier **.avi, .mov, .mpg ou .mpeg**.

*Cas particulier des fichiers **GIF** : les fichiers possédant l'extension .gifpeuvent intégrer une animation. Même s'il ne s'agit pas de films à proprement parler, les fichiers GIF animés contiennent plusieurs images qui se suivent pour créer un effet d'animation. A noter toutefois que les options de film ne sont pas toutes disponibles pour ce type de fichiers.*

Pour ajouter un fichier vidéo ou GIF animé, vous devez l'insérer dans une diapositive et devez également décider de la façon dont le film se lancera :
- automatiquement à l'affichage de la diapositive
- en cliquant dessus
- en créant un minutage pour que sa lecture se lance au bout d'un certain laps de temps

Notions de film lié ou incorporé

Vous pouvez choisir de lier votre film à la présentation plutôt que de l'incorporer. Cela présente l'avantage de limiter la taille de votre présentation, comme vous pouvez le vérifier dans l'exemple ci-dessous où sont représentées les tailles respectives de trois présentations contenant 4 diapositives de contenu divers (texte, graphique, dessins, images).
Une cinquième diapositive a été ajoutée à chacun des fichiers, laquelle ne contient aucun film dans la première présentation (138 Ko), un film incorporé dans la seconde (25 790 ko) et enfin un film lié dans la troisième présentation (159 ko).

Nom	Modifié le	Type	Taille
Poids sans vidéo.pptx	29/04/2012 17:16	Présentation Microsoft PowerPoint	138 Ko
Poids vidéo incorporée.pptx	29/04/2012 17:18	Présentation Microsoft PowerPoint	25 790 Ko
Poids vidéo liée.pptx	29/04/2012 17:18	Présentation Microsoft PowerPoint	159 Ko

Dans le cas d'un film lié, PowerPoint crée un lien vers l'emplacement du fichier vidéo et de ce fait, si vous le déplacez ensuite dans un autre dossier, PowerPoint ne pourra pas le retrouver et affichera un message d'erreur.
Il donc est préférable de placer ou copier le film dans le même dossier que la présentation avant de l'insérer. PowerPoint pourra ainsi le retrouver tant que vous le maintenez dans le dossier de la présentation, même si vous déplacez ou copiez le dossier sur un autre ordinateur.

Pour effectuer les manipulations suivantes, ouvrez la présentation **Vie sauvage** mise à votre disposition sur le réseau et enregistrez-la dans votre dossier personnel sous le nom **Vie sauvage Votre prénom**. Positionnez-vous sur la deuxième diapositive puis suivez les instructions suivantes pour insérer un fichier vidéo :

Ajouter un film sur une diapositive

- Dans l'onglet *Insertion*, *déroulez* le bouton *Vidéo* 🎞 du groupe *Média*
- Sélectionnez *Vidéo à partir d'un fichier* et dans le dossier **Fichiers sons et vidéo PPT Maîtrise**

mis à votre disposition sur le réseau, cliquez une fois sur le fichier **Faune.wmv** pour le sélectionner

- Cliquez sur la flèche déroulante du bouton *Insérer* en bas à droite de la fenêtre et choisissez par exemple *Insérer* (à noter que si vous cliquez directement sur le bouton *Insérer* ou double-cliquez sur le fichier vidéo, PowerPoint choisit d'insérer le fichier et non de le lier)

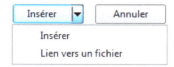

- L'espace de la vidéo s'affiche sur la diapositive. Pour lancer la vidéo, vous pouvez :

    - En mode d'affichage *Normal*, cliquer sur le bouton *Lecture* ▶ situé sous la vidéo

    - Lancer le diaporama et cliquer sur le bouton *Lecture* ▶ ou cliquer directement sur la vidéo

 Vous pouvez également choisir d'insérer une vidéo à partir de la bibliothèque Microsoft : dans ce cas, dans l'onglet Insertion, choisissez Vidéo Clipart dans le bouton Vidéo.

Dans le volet Images clipart qui s'affiche, faites défiler la liste pour rechercher le film puis cliquez dessus pour l'ajouter à la diapositive. Pour le redimensionner, cliquez-glissez sur l'une de ses poignées d'angle.

Lancement de la vidéo

Lorsque vous lancez le diaporama, vous pouvez faire en sorte que votre film démarre automatiquement ou au contraire ne se lance qu'au clic de votre souris. L'option *Au clic* est prédéfinie par défaut. Dans tous les cas, vous pouvez choisir à tout moment de quelle façon se lancera votre vidéo.

Choisir le mode de lancement de la vidéo

- Cliquez une fois sur le film dans la diapositive pour le sélectionner
- Dans l'onglet contextuel *Lecture*, déroulez la liste à droite de la zone *Début* pour sélectionner l'option souhaitée

Lorsque vous insérez un film et que vous sélectionnez *Automatiquement*, deux effets sont ajoutés au *volet des animations* : un effet de pause et un effet de lecture. Sans l'effet de pause, le film recommencerait au début chaque fois que vous cliquez dessus, au lieu de s'interrompre et de reprendre lorsque vous cliquez de nouveau.

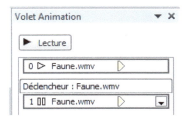

Lancer la vidéo en mode Plein écran

Plutôt que de lire un film à l'intérieur d'une diapositive de la présentation, vous pouvez le visionner sur l'écran tout entier.

- Cliquez sur le film dans la diapositive pour le sélectionner
- Dans l'onglet contextuel *Lecture*, activez la case à cocher *Lire en mode Plein écran*.
- Lancez le diaporama puis cliquez sur le bouton *Lecture* ▶ pour visualiser le résultat.

 Selon la résolution du fichier de film initial, il est possible que l'image soit altérée lorsque vous l'agrandissez. En règle générale, un petit film configuré pour être lu en mode normal n'offre pas une image de bonne qualité lorsqu'il est agrandi.

 Si vous optez pour un affichage du film en mode plein écran et pour un démarrage automatique, vous pouvez faire glisser le cadre du film hors de la diapositive dans la zone grisée. Ainsi, le film ne s'affichera pas dans la diapositive ou clignotera brièvement avant de passer en mode plein écran.

Lire un film en boucle

Vous pouvez faire en sorte que la lecture d'un film se répète plusieurs fois automatiquement :
- Cliquez sur le film pour le sélectionner.
- Dans l'onglet contextuel *Lecture*, activez la case à cocher *En boucle jusqu'à l'arrêt*
- Durant le *Diaporama*, pour mettre fin à la lecture en boucle du film, cliquez simplement sur le film.

Choisir une image pour la vidéo

L'espace qui marque votre vidéo peut vous sembler manquer d'esthétisme. Qu'à cela ne tienne, nous allons voir comment utiliser une image pour le rendre plus agréable.

- Cliquez sur la vidéo pour la sélectionner
- Dans l'onglet contextuel *Format*, déroulez le bouton *Cadre de l'affiche* et cliquez sur *Image du fichier...*
- Sélectionnez l'image qui devra s'afficher en lieu et place du cadre de la vidéo jusqu'à son lancement

Découper une vidéo ou un fichier audio

Lorsqu'une vidéo vous semble trop longue ou que vous ne souhaitez en conserver qu'une partie bien précise, vous pouvez choisir d'en supprimer le début ou la fin. Voici comment procéder :

Pour commencer, réinsérez la vidéo **Faune** sur la diapositive **Les mammifères marins** de la présentation **Vie sauvage**. Il s'agira donc pour nous de ne conserver que la partie de la vidéo montrant des éléphants de mer en supprimant toutes les séquences qui la précèdent ou qui la suivent.

Suivez la procédure suivante :

- Cliquez sur la vidéo et activez l'onglet *Lecture*
- Cliquez sur le bouton *Découper la vidéo*
- Dans la fenêtre qui s'affiche, faites glisser le *curseur vert* jusqu'au début de la séquence sur les éléphants de mer, à savoir à 7,128 secondes du début (pour un positionnement très précis, utilisez la zone *Heure de début* 00:07,128 ⬍)

- De la même façon, faites glisser le *curseur rouge* d'heure de fin jusqu'à la position 11,748

- Cliquez sur le bouton de lecture ▶ pour vérifier le bon déroulé de la vidéo
- Validez par OK

 Vous pouvez de la même façon découper un fichier son

Exercice

Sélectionnez la diapositive **Les mammifères terriens** et insérez à nouveau la vidéo Faune . Faites en sorte que la vidéo ne montre que la séquence sur le koala.

Ajouter un signet dans un fichier audio ou vidéo

Vous pouvez ajouter des signets pour indiquer des points d'intérêt dans un clip vidéo ou audio. Vous pourrez ainsi utiliser les signets pour atteindre directement un emplacement spécifique dans une vidéo ou un fichier son.

Revenez à la diapositive **Faune et flore**. Nous allons par exemple ajouter un signet pour marquer l'emplacement où apparait le koala dans notre vidéo.

- Appuyez sur le bouton *Lecture* de la barre de commandes affichée sous la vidéo
- Lorsque la première image du koala s'affiche, cliquez sur le bouton *Pause* (au besoin, cliquez sur la barre de défilement pour retrouver la position exacte voulue)
- Dans la section *Outils vidéo* de l'onglet *Lecture*, cliquez sur *Ajouter un signet*

Lorsque vous lancez la vidéo en mode Diaporama, le signet est visible dans la barre de défilement qui s'affiche sous la vidéo. Pour atteindre l'emplacement du signet, cliquez simplement dessus.

Supprimer un signet

- Cliquez sur la vidéo et activez l'onglet *Lecture*
- Dans la barre de commandes vidéo affichée sous la vidéo, cliquez sur le signet à supprimer
- Cliquez sur le bouton *Supprimer le signet* dans le groupe *Signets*.

Supprimer
le signet

 Vous pouvez de la même façon ajouter un signet à un fichier son

Exercice

Sélectionnez la diapositive **Les oiseaux** et insérez à nouveau la vidéo Faune . Faites en sorte marquer d'un signet chaque portion montrant des oiseaux.

LE DIAPORAMA

Les diaporamas personnalisés

Si votre présentation peut se dérouler devant des publics différents ou sur une durée d'intervention variable, pourquoi ne pas utiliser les diaporamas personnalisés plutôt que d'enregistrer plusieurs versions de votre présentation ? Ainsi, si vous devez effectuer des mises à jour sur une diapositive, vous n'aurez pas à le faire au niveau de plusieurs présentations.

Pour effectuer les manipulations suivantes, ouvrez le fichier **Présentation pour objets**.

Créer un diaporama personnalisé

Pour créer un diaporama personnalisé, suivez la procédure suivante :

- Dans l'onglet *Diaporama*, cliquez sur le bouton *Diaporama personnalisé*  puis sur

  Diaporamas personnalisés...
- Dans la boite de dialogue qui s'affiche, cliquez sur le bouton *Nouveau*

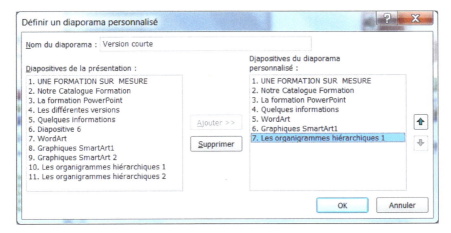

- Dans la boite de dialogue ci-dessus, saisissez un nom descriptif dans la zone *Nom du diaporama* (par exemple **Version courte**)
- Sélectionnez les diapositives qui feront partie du diaporama : dans la liste de gauche *Diapositives de la présentation*, cliquez sur la première diapositive et cliquez sur le bouton *Ajouter* ⌷Ajouter >>⌷ pour la faire passer dans la colonne de droite *Diapositives du diaporama personnalisé*
- Recommencer pour chaque diapositive concernée. Par exemple, pour notre diaporama **Version courte**, ajoutez les sept diapositives indiquées dans l'image ci-dessus

- Validez deux fois.

Lancer un diaporama personnalisé

Pour lancer votre diaporama personnalisé, déroulez le bouton *Diaporama personnalisé*  puis cliquez sur le nom du diaporama dans la liste qui s'affiche (**Version courte** en ce qui nous concerne).

Seules les diapositives prévues sont visibles durant le déroulé du diaporama.

Interagir durant le diaporama

Transformer la souris en pointeur laser

Durant le défilement de vos diapositives en mode *Diaporama*, vous pouvez transformer la souris en pointeur laser pour attirer l'attention de votre public sur un élément particulier de la diapositive.

- Lancez le diaporama de la présentation
- Cliquez-glisser sur la diapositive à l'aide de la souris tout en maintenant la touche *Ctrl* du clavier enfoncée : un point rouge ● apparaît à l'écran et suit les déplacements de la souris

Annoter le diaporama

Vous pouvez insérer des annotations manuscrites dans une diapositive au cours du diaporama en remplaçant le pointeur de la souris par un stylet ou un surligneur.
A la fin de la présentation, un message s'affichera vous demandant si vous souhaitez conserver ou supprimer vos annotations. Si vous choisissez de les conserver, elles sont ajoutées sur les diapositives

sous forme d'objets dessinés.

Activer l'insertion d'annotations manuscrites

- Lancez le mode *Diaporama*
- Cliquez droit sur le fond de l'écran puis cliquez gauche sur *Options du pointeur* (ou pointez le coin inférieur gauche de l'écran à l'aide de votre souris pour faire apparaître les boutons de la barre d'outils *Diaporama*)

- Cliquez sur le bouton , puis sur *Stylet* ou sur *Surligneur*
- Pour annoter la diapositive, cliquez-glissez à l'aide de la souris sur la diapositive
- Pour désactiver le *Stylet* ou le *Surligneur*, appuyez sur la touche *Echap* du clavier (ou cliquez à nouveau sur le bouton puis sur *Flèche*.

> *Pour changer la couleur du stylet ou du surligneur, cliquez sur **Couleur de l'encre** et choisissez une couleur parmi les couleurs du thème proposées.*

Effacer une marque manuscrite

- En mode *Diaporama*, cliquez à nouveau sur le bouton
- Activez le bouton *Gomme*
- Faites glisser la gomme sur la marque que vous souhaitez effacer

> *Vous ne pouvez pas utiliser la gomme si vous avez quitté le mode diaporama en acceptant l'enregistrement de vos annotations ; il faudra les supprimer individuellement ou les masquer en mode Normal ou Trieuse*

Supprimer les marques manuscrites

Si vous avez quitté le diaporama en acceptant l'enregistrement de vos annotations, ces dernières sont devenues des dessins ajoutés à chaque diapositive. Pour supprimer un dessin, sélectionnez-le puis pressez la touche *Suppr* du clavier.

Masquer les marques manuscrites

Si vous avez enregistré vos annotations et souhaitez les masquer provisoirement plutôt que les supprimer définitivement, procédez comme suit :

- En mode *Normal* ou *Trieuse*, cliquez sur l'onglet *Révision*

- Désactiver le bouton *Afficher les marques* du groupe *Commentaires*

Enregistrer les commentaires audio et les mouvements du pointeur durant le diaporama

Vous avez la possibilité d'enregistrer vos interactions durant le diaporama, aussi bien votre discours au fil des diapositives que vos annotations ou même les mouvements du pointeur laser. Vous pourrez ainsi disposer d'une version de votre présentation contenant l'intégralité de votre prestation.

Pour effectuer les manipulations suivantes, ouvrez le fichier **Présentation Chez Vénus vernis bleu**

Enregistrer les interactions durant le diaporama

- Munissez-vous d'un microphone fonctionnant correctement
- Sous l'onglet *Diaporama*, dans le groupe *Configuration*, cliquez sur la flèche déroulante du bouton *Enregistrer le diaporama* et sélectionnez *Commencer l'enregistrement au début*

- La boîte de dialogue *Enregistrer le diaporama* s'affiche à l'écran : cliquez sur *Démarrer l'enregistrement*

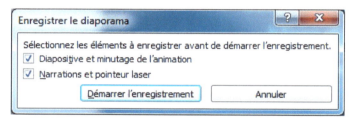

- Le diaporama se lance ; parlez dans le micro et effectuez les annotations sur vos diapositives : votre narration et vos annotations sont enregistrées au fur et à mesure du défilement des diapositives

  - Pour suspendre votre narration, utilisez le bouton *Suspendre* ⅠⅠ de la barre *Enregistrement* apparue en haut à gauche de l'écran

- En cas d'erreur durant votre narration sur une diapositive, vous pouvez reprendre du début pour cette diapositive en cliquant sur le bouton ↺
- Pour arrêter l'enregistrement de votre diaporama, cliquez sur la croix de fermeture de la barre *Enregistrement* ou cliquez avec le bouton droit sur la diapositive, puis cliquez sur *Arrêter le diaporama*

- Le diaporama s'affiche en mode *Trieuse de diapositives* avec le minutage indiqué sous chaque diapositive

 Vous pouvez rectifier le minutage des diapositives :
- En mode *Normal*, cliquez sur la diapositive dont vous souhaitez redéfinir le minutage
- Dans l'onglet *Transitions*, groupe *Minutage*, sous *Passer à la diapositive suivante*, activez la case à cocher *Après*, puis entrez le nombre de secondes voulu

Le mode Présentateur

Vous connaissez les commentaires, ces notes et pense-bêtes que le présentateur peut saisir sous les diapositives puis imprimer et "garder sous le coude" durant sa présentation.

Alternativement, l'utilisation du *mode Présentateur* permet au présentateur de visualiser sur son écran les diapositives et leurs commentaires pendant que son auditoire ne visualise que le diaporama sur un autre moniteur (par exemple projetée sur un grand écran).

En outre, le *mode Présentateur* affiche des miniatures des diapositives qui permettront au présentateur d'avoir une vue d'ensemble des diapositives passées et à venir.

Les commentaires sont présentés avec de grands caractères particulièrement lisibles et vous pouvez utiliser les miniatures pour sélectionner des diapositives qui ne se suivent pas afin de créer une présentation adaptée à un auditoire particulier.

 Vérifiez que l'ordinateur que vous utilisez pour votre présentation peut prendre en charge plusieurs moniteurs. La plupart des ordinateurs portables offrent une prise en charge intégrée des moniteurs multiples.

Pour utiliser le mode *Présentateur*, procédez comme suit :

- Sous l'onglet *Diaporama*, dans le groupe *Moniteurs*, cliquez sur *Utiliser le mode Présentateur*. Si vous n'êtes relié à aucun moniteur secondaire, PowerPoint affiche un message d'avertissement.
- S'il s'agit de votre première connexion à un second moniteur, dans la boîte de dialogue Windows des paramètres d'affichage qui apparaît à l'écran, cliquez sur l'icône du second moniteur et dans *Affichages multiples*, sélectionnez *Etendre ces affichages*. Validez.

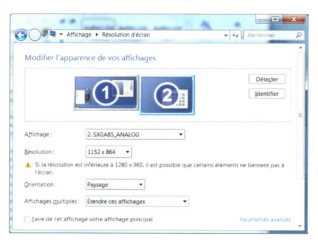

- Dans PowerPoint, sous l'onglet *Diaporama*, dans le groupe *Moniteurs*, assurez-vous que le moniteur sur lequel vous souhaitez que votre auditoire visualise la présentation figure dans la liste *Afficher sur*.

 En cas de difficultés à paramétrer un second écran, utilisez le panneau de configuration : Sous Windows 7, cliquez sur le bouton **Démarrer** *puis sur* **Panneau de configuration**. *Dans la fenêtre qui s'affiche, sous la rubrique* **Matériel et audio**, *cliquez sur* **Se connecter à un projecteur** *puis choisissez* **Etendre**.

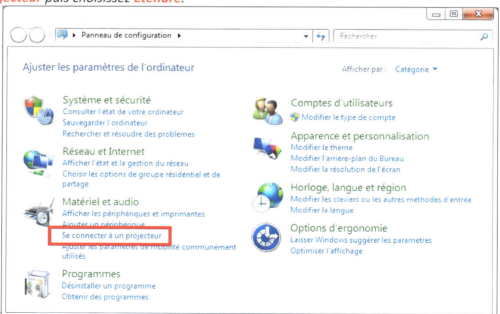

Ecran du mode Présentateur

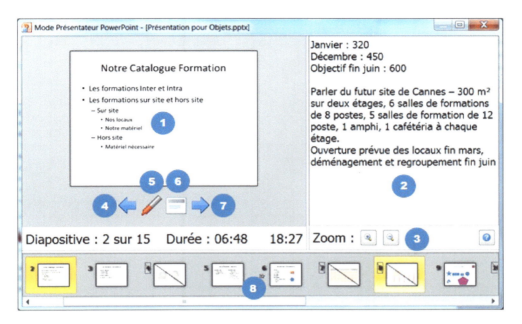

❶ Diapositive du diaporama visible par l'assistance
❷ Commentaires de la diapositive en cours
❸ Zoom d'affichage des commentaires
❹ Retour à la diapositive précédente
❺ Activation du stylet ou du surligneur
❻ Menu d'options (fin du diaporama, couleur de l'écran de l'auditoire, accès à un numéro de diapositive spécifique)
❼ Affichage de la diapositive suivante
❽ Miniatures des diapositives (cliquez pour afficher)

Méthodes d'apprentissage disponibles

Ces livres sont disponibles sur www.amazon.fr. Vous pouvez accéder à la liste de nos ouvrages en saisissant le nom de l'auteur dans la zone de recherche du site (pour un livre spécifique, saisissez son code ISBN).

ISBN 1495482987

Word 2007 – 2010
Fonctionnalités de base
Niveau 1
Auteur : Greta Metehor

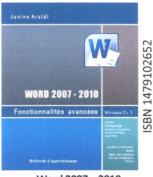

ISBN 1479102652

Word 2007 – 2010
Fonctionnalités avancées
Niveaux 2 et 3
Auteur : Janine ARALDI

ISBN 1495483150

Excel 2007 – 2010
Fonctionnalités de base
Niveau 1
Auteur : Greta Metehor

ISBN 1495483320

Excel 2007 – 2010
Travailler de grands tableaux
et des listes de données
Niveau 2
Auteur : Greta Metehor

ISBN 1484010817

Excel 2007 – 2010
Fonctions de calcul &
Fonctionnalités avancées
Niveau 3
Auteur : Janine ARALDI

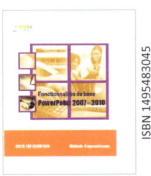

ISBN 1495483045

PowerPoint 2007 – 2010
Fonctionnalités de base
Niveau 1
Auteur : Greta Metehor

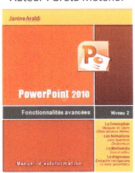

PowerPoint 2010
Fonctionnalités avancées
Niveau 2
Auteur : Greta Metehor

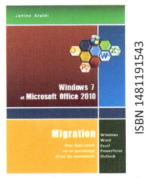

ISBN 1481191543

Migration Windows 7 et Microsoft Office
2010
Auteur : Janine ARALDI